Kohlhammer

Autorin und Autor

Christina-Maria Stegemann
Aus- und Weiterbildung als Ergotherapeutin, Heilpraktikerin für Psychotherapie und Hypnotherapeutin (Deutsche Gesellschaft für Autosystemhypnose e.V.) für Medizinische und Psychotherapeutische Hypnose und Hypnotherapie Seit 2001 in einer Klinik für Psychiatrie und Psychotherapie als Ergotherapeutin tätig, wo sie im Bereich der Schwerpunktambulanz für ADHS im Erwachsenenbereich ein gestuftes Gruppentherapieangebot mit Schwerpunkt Psychoedukation und Coaching entwickelt und vor Ort durchgeführt hat. In Kooperation mit Roberto D´Amelio (Universitätskliniken Saarbrücken) erarbeitete sie ein hypnotherapeutisch-kognitiv-verhaltenstherapeutisches Konzept u. a. zur Behandlung der adulten ADHS und weiterer psychischer und psychosomatischer Störungsbilder (wie Angst- und depressiver Störungen).

Roberto D'Amelio
Ausbildung als Diplom-Psychologe, psychologischer Psychotherapeut, postgraduale Weiterbildungen in Verhaltenstherapie, Hypnotherapie, Schematherapie, EMDR und Supervision. Seit 1996 wissenschaftlicher Mitarbeiter am Universitätsklinikum des Saarlandes. Zudem tätig als Dozent und Supervisor.

Christina-Maria Stegemann
Roberto D'Amelio

Das MentalHaus: Selbstmanagement lösungs- und ressourcenorientiert

Ein Therapiemanual mit Methoden der Verhaltenstherapie und Hypnotherapie

Unter der Mitarbeit von Stefan Ahlstich, Matthias Bender, Wolfgang Retz und Michael Rösler

Verlag W. Kohlhammer

Dieses Werk einschließlich aller seiner Teile ist urheberrechtlich geschützt. Jede Verwendung außerhalb der engen Grenzen des Urheberrechts ist ohne Zustimmung des Verlags unzulässig und strafbar. Das gilt insbesondere für Vervielfältigungen, Übersetzungen und für die Einspeicherung und Verarbeitung in elektronischen Systemen.

Pharmakologische Daten verändern sich ständig. Verlag und Autoren tragen dafür Sorge, dass alle gemachten Angaben dem derzeitigen Wissensstand entsprechen. Eine Haftung hierfür kann jedoch nicht übernommen werden. Es empfiehlt sich, die Angaben anhand des Beipackzettels und der entsprechenden Fachinformationen zu überprüfen. Aufgrund der Auswahl häufig angewendeter Arzneimittel besteht kein Anspruch auf Vollständigkeit.

Die Wiedergabe von Warenbezeichnungen, Handelsnamen und sonstigen Kennzeichen berechtigt nicht zu der Annahme, dass diese frei benutzt werden dürfen. Vielmehr kann es sich auch dann um eingetragene Warenzeichen oder sonstige geschützte Kennzeichen handeln, wenn sie nicht eigens als solche gekennzeichnet sind.

Es konnten nicht alle Rechtsinhaber von Abbildungen ermittelt werden. Sollte dem Verlag gegenüber der Nachweis der Rechtsinhaberschaft geführt werden, wird das branchenübliche Honorar nachträglich gezahlt.

Dieses Werk enthält Hinweise/Links zu externen Websites Dritter, auf deren Inhalt der Verlag keinen Einfluss hat und die der Haftung der jeweiligen Seitenanbieter oder -betreiber unterliegen. Zum Zeitpunkt der Verlinkung wurden die externen Websites auf mögliche Rechtsverstöße überprüft und dabei keine Rechtsverletzung festgestellt. Ohne konkrete Hinweise auf eine solche Rechtsverletzung ist eine permanente inhaltliche Kontrolle der verlinkten Seiten nicht zumutbar. Sollten jedoch Rechtsverletzungen bekannt werden, werden die betroffenen externen Links soweit möglich unverzüglich gezahlt.

1. Auflage 2022

Alle Rechte vorbehalten
© W. Kohlhammer GmbH, Stuttgart
Gesamtherstellung: W. Kohlhammer GmbH, Stuttgart

Print:
ISBN 978-3-17-040250-8

E-Book-Formate:
pdf: ISBN 978-3-17-040251-5
epub: ISBN 978-3-17-040252-2

Inhalt

	Übersicht der Arbeitsmaterialien zum Download	7
1	Einführung in das MentalHaus	11
2	Aufbau und Inhalte des »MentalHaus«	13
3	**Das MentalHaus: Der kognitiv-verhaltenstherapeutische Zugang**	**17**
	3.1 Der Wohlfühl-Raum (KVT)...................................	17
	3.1.1 Ablauf Sitzung 1	18
	3.1.2 Ablauf Sitzung 2	25
	3.1.3 Arbeitsblätter Wohlfühl-Raum	27
	3.2 Der Ressourcen-Raum (KVT)	34
	3.2.1 Ablauf Sitzung 3	34
	3.2.2 Ablauf Sitzung 4	39
	3.2.3 Arbeitsblätter Ressourcen-Raum	43
	3.3 Der Beratungs-Raum (KVT)	49
	3.3.1 Ablauf Sitzung 5	49
	3.3.2 Ablauf Sitzung 6	53
	3.3.3 Arbeitsblätter Beratungs-Raum	56
	3.4 Der Visions-Raum (KVT)	63
	3.4.1 Ablauf Sitzung 7	63
	3.4.2 Ablauf Sitzung 8	69
	3.4.3 Arbeitsblätter Visions-Raum	72
	3.5 Fakultative Abschlusssitzung: Die Hausführung (KVT)	76
	3.5.1 Ablauf Fakultative Abschlusssitzung	77
	3.5.2 Arbeitsblätter Hausführung	79
4	**Das MentalHaus: Der hypnotherapeutische Zugang**	**81**
	Einleitung HYP-Zugang	81
	4.1 Der Wohlfühl-Raum (HYP)	86
	4.1.1 Ablauf Sitzung 1	87
	4.1.2 Ablauf Sitzung 2	89
	4.1.3 Arbeitsblätter Wohlfühl-Raum	90
	4.2 Der Ressourcen-Raum (HYP)	103
	4.2.1 Ablauf Sitzung 3	104
	4.2.2 Ablauf Sitzung 4	106
	4.2.3 Arbeitsblätter Ressourcen-Raum	107

	4.3	Der Beratungs-Raum (HYP)	127
		4.3.1 Ablauf Sitzung 5	128
		4.3.2 Ablauf Sitzung 6	130
		4.3.3 Arbeitsblätter Beratungs-Raum	131
	4.4	Der Visions-Raum (HYP)	141
		4.4.1 Ablauf Sitzung 7	142
		4.4.2 Ablauf Sitzung 8	143
		4.4.3 Arbeitsblätter Visions-Raum	145
	4.5	Die Hausführung [Fakultative Abschlusssitzung]	156
		4.5.1 Ablauf fakultative Sitzung Hausführung..............	157
		4.5.2 Arbeitsblätter Hausführung..........................	158
5	**Epilog**		**165**
Hinweis zum Downloadmaterial			**166**

Übersicht der Arbeitsmaterialien zum Download

Die folgenden Arbeitsmaterialien sind enthalten (Hinweise zum Download finden Sie am Ende des Buchs):

Wohlfühl-Raum KVT
Arbeitsblätter Sitzung 1:

- Aktivitäten, die mir guttun [VT-W1a, b]
- Mit allen Sinnen – Die V-A-K-O-G-Liste [VT-W2]
- Kleine Schule des Genießens – sieben Empfehlungen [VT-W3]
- Menschen, die mir guttun [VT-W4]
- Meine Entspannungsmerkmale [VT-W5]
- Zur Ruhe kommen mit der Atembeobachtung [VT-W6]

Arbeitsblätter Sitzung 2:

- Tagesrückblick [VT-W7]
- Alles was mir gut tut [VT-W8]
- Hilfreiche Übergangsrituale [VT-W9]

Ressorcen-Raum KVT
Arbeitsblätter Sitzung 3:

- Was zeichnet mich aus? [VT-R1]
- Meine inneren Ressourcen [VT-R2 a, b, c]
- Meine inneren Ressourcen im Alltag [R3]

Arbeitsblätter Sitzung 4:

- Meine inneren Ressourcen-Liste [VT-R4]
- Meine Erfolgs-Timeline [VT-R5]

Beratungs-Raum KVT
Arbeitsblätter Sitzung 5:

- Beispiele für gute Beratungen [VT-B1]
- Gute Beraterkompetenzen [VT-B2 a, b, c]

Arbeitsblätter Sitzung 6:

- Fazit: Meine guten Beraterkompetenzen [VT-B3]
- Was eine gute Selbstberatung ausmacht [VT-B4]
- Selbstunterstützende Sätze [VT-B5]
- Selbstunterstützende Sätze und Repräsentationssysteme (V-A-K-O-G) [VT-B6]

Visions-Raum KVT
Arbeitsblätter Sitzung 7:

- Back in Time [VT-V1]
- Werte [VT-V2]
- Was ist mir wichtig? Meine Werte [VT-V3]
- Lebensbereiche und persönlichen Werte [VT-V4]

Arbeitsblätter Sitzung 8:

- Meine Zukunfts-Vision [VT-V5]

Fakultative Abschlusssitzung KVT
Arbeitsblätter: Die Hausführung

- Rückblick, Würdigung, Ausblick [VT-H1]

Wohlfühl-Raum HYP
Arbeitsblätter und Audiodateien Sitzung 1:

- Metaphorische Geschichte Wohlfühl-Raum: »Der fremde Mann« [HYP-W1]
- Trance-Induktionstext Wohlfühl-Raum [HYP-W2]
- Hypno-Memo-Karte Wohlfühl-Raum [HYP-W3]
- Audiodatei (AW1) Metaphorische Geschichte: »Der fremde Mann«
- Audiodatei (AW2) Trance-Induktion Wohlfühl-Raum

Arbeitsblätter Sitzung 2:

- Trance-Induktionstext Wohlfühl-Raum [HYP-W2]

Ressorcen-Raum HYP
Arbeitsblätter und Audiodateien Sitzung 3:

- Metaphorische Geschichte Ressourcen-Raum: »Das Land hinter dem Horizont« [HYP-R1]
- Trance-Induktionstext Ressourcen-Raum Bildergalerie [HYP-R2]
- Hypno-Memo-Karte Ressourcen-Raum [HYP-R3]
- Audiodatei (AR1) Metaphorische Geschichte: »Das Land hinter dem Horizont«
- Audiodatei (AR2) Trance-Induktion Ressourcen-Raum Bildergalerie

Arbeitsblätter und Audiodateien Sitzung 4:

- Trance-Induktionstext Ressourcen-Raum Requisite [HYP-R4]
- Audiodatei (AR3) Trance-Induktion Ressourcen-Raum Requisite

Beratungs-Raum HYP
Arbeitsblätter und Audiodateien Sitzung 5:

- Metaphorische Geschichte Beratungs-Raum: »Das Maß aller Dinge« [HYP-B1]
- Trance-Induktionstext Beratungs-Raum [HYP-B2]
- Hypno-Memo-Karte Beratungs-Raum [HYP-B3]
- Audiodatei (AB1) Metaphorische Geschichte: »Das Maß aller Dinge«
- Audiodatei (AB2) Trance-Induktion Beratungs-Raum

Arbeitsblätter Sitzung 6:

- Trance-Induktionstext Beratungs-Raum [HYP-B2]

Visions-Raum HYP
Arbeitsblätter und Audiodateien Sitzung 7:

- Metaphorische Geschichte Visions-Raum: »Träume sind anständige Weggefährten« [HYP-V1]
- Trance-Induktionstext Visions-Raum [HYP-V2]
- Hypno-Memo-Karte Visions-Raum [HYP-V3]
- Audiodatei (AB1) Metaphorische Geschichte: »Träume sind anständige Weggefährten«
- Audiodatei (AB2) Visions-Raum Trance-Induktion

Arbeitsblätter Sitzung 8:

- Trance-Induktionstext Visions-Raum [HV2]

Fakultative Abschlusssitzung HYP
Arbeitsblätter und Audiodatei: Hausführung:

- Trance-Induktions-Hausführung Exposé [HYP-H1]
- Audiodatei (AH1) Trance-Induktion Hausführung

1 Einführung in das MentalHaus

Das MentalHaus ist der Name eines integrativen Therapieprogramms, das es den Anwendern ermöglicht, verhaltenstherapeutisch oder hypnotherapeutisch zu behandeln oder auch beide Methoden auf synergetische Art und Weise zu kombinieren.

Mittels des MentalHauses sollen Klienten/Klientinnen dabei unterstützt werden, ihre individuellen Möglichkeiten zur Selbstregulation sowie zum Selbstmanagement zu entwickeln und weiter auszubauen.

> Im Sinne einer »Hilfe zur Selbsthilfe« sollen Klienten/Klientinnen ihr Wohlbefinden erhöhen, ihre inneren Ressourcen aktivieren, ihre Fertigkeiten in der Selbstberatung wie auch Problemlösung verbessern sowie bei der Generierung von Zielen und der Durchführung von lebensbezogenen Veränderungen unterstützt werden.

Der Name MentalHaus ist dabei durchaus wörtlich bzw. bildhaft zu verstehen, denn dieses Therapie-Programm mit Fokus auf Selbstmanagement und Selbstregulation ist – im übertragenen Sinne – wie ein Haus mit verschiedenen Räumen aufgebaut.

Die einzelnen Räume des MentalHauses stehen jeweils für bestimmte Themen und Fertigkeiten: so sollen die Klienten/Klientinnen im Wohlfühl-Raum ihre Genuss- und Entspannungsfertigkeiten vergrößern. Der Ressourcen-Raum soll die Klienten/Klientinnen dabei unterstützen, einen besseren Zugriff zu den eigenen inneren Ressourcen zu bekommen, diese im Alltag »abrufbarer« zu machen und somit effizienter auf die Verhaltens- und Handlungsebene zu übertragen. Im Beratungs-Raum sollen die Klienten/Klientinnen Strategien und Techniken lernen und/oder (re-)aktivieren, um »sich selbst beizustehen« und damit eigenständig alltagsbezogene Probleme zu lösen. Der Visions-Raum wurde entwickelt, um lebensbezogene Ziele zu generieren und um Veränderungsprozesse anzuregen.

Im MentalHaus werden also häufig benötigte Tools zur Selbstregulation sowie zum Selbstmanagement mit spezialisierten Räumen in Verbindung gebracht: Sicherheit und Wohlbefinden (Wohlfühl-Raum), persönliche Stärken und Vorzüge (Ressourcen-Raum), Beratung und Entscheidungsfindung (Beratungs-Raum) sowie die positive Zukunftsvorstellung (Visions-Raum).

Das MentalHaus ist allerdings viel mehr als die Summe der einzelnen, oben genannten Räume. Genauso wie ein Haus aus Stock und Stein, so kann auch das MentalHaus für die Klienten/Klientinnen zu einer sicheren, jederzeit zugänglichen »guten inneren Heimat« werden. Ein fester Bezugspunkt, in den man jederzeit zurückkehren kann, um »aufzutanken« oder auch, wenn die Welt um einen herum aus dem Ruder läuft.

> Das MentalHaus steht symbolisch für ein Zuhause, das Sesshaftigkeit, Geborgenheit, Schutz und Sicherheit bietet.

Das integrative Therapieprogramm MentalHaus eignet sich für den Einsatz in Beratung, Coaching wie auch Psychotherapie und kann sowohl im Einzel- wie auch Gruppen-Setting durchgeführt werden.

2   Aufbau und Inhalte des »MentalHaus«

Das MentalHaus besteht im Kern aus den folgenden *vier Räumen*, die von den Klienten/Klientinnen in ihrer Vorstellung aufgesucht und nach ihren eigenen Wünschen/Bedürfnissen errichtet, gestaltet und eingerichtet werden:

- Wohlfühl-Raum
- Ressourcen-Raum
- Beratungs-Raum
- Visions-Raum

Die oben genannten verschiedenen vier »Räume« des MentalHauses stehen jeweils für folgende zu bearbeitende thematischen Schwerpunkte:

- Im *Wohlfühl-Raum* sollen die Klienten/Klientinnen ihre Genuss- und Entspannungsfertigkeit vergrößern.
- Der *Ressourcen-Raum* soll den Klienten/Klientinnen dazu verhelfen, einen besseren Zugriff zu den eigenen inneren Ressourcen zu bekommen, diese im Alltag abrufbarer zu machen und somit effizienter auf die Verhaltens- und Handlungsebene zu übertragen.
- Im *Beratungs-Raum* sollen die Klienten/Klientinnen Strategien und Techniken lernen und/oder reaktivieren, um sich zu beraten, »sich selbst beiseite zu stehen« und damit eigenständig alltagsbezogene Probleme zu lösen.
- Der *Visions-Raum* soll die Klienten/Klientinnen dabei unterstützen, Ziele zu generieren sowie Veränderungsprozesse anzuregen.

Jeder der oben genannten *vier Räume* des MentalHauses wurde aus Gründen der Übersichtlichkeit sowie Machbarkeit in *zwei Sitzungen* aufgeteilt, die aufeinander aufbauen und konsekutiv durchlaufen werden:

- Der Wohlfühl-Raum   Sitzungen 1 + 2
- Der Ressourcen-Raum   Sitzungen 3 + 4
- Der Beratungs-Raum   Sitzungen 5 + 6
- Der Visions-Raum   Sitzungen 7 + 8

Des Weiteren wurde noch eine abschließende *fakultative* »Hausführung« (Sitzung 9) konzipiert, mit dem Fokus auf eine zusammenfassende Betrachtung aller 4 Räume des MentalHauses:

2 Aufbau und Inhalte des »MentalHaus«

- Die Hausführung   Sitzung 9 (fakultativ)

Die Bearbeitung der oben genannten vier Räume (acht Sitzungen) und der fakultativen Abschlusssitzung des MentalHauses erfolgt zum einen mittels Strategien und Übungen der *kognitiven Verhaltenstherapie* (KVT) und zum anderen mittels Methoden und Techniken der *Hypnotherapie* (HYP).

Dementsprechend ist dieses Therapiemanual auch in zwei eigenständige Abschnitte aufgeteilt.

> Das MentalHaus gliedert sich in einen KVT- und einen HYP-Anteil, mit weitgehender Parallelisierung von KVT- und HYP-Anteil in Form sowie Ablauf.

Während im *KVT-Zugang* überwiegend die therapeutischen Elemente/Methoden (Diskussion, Reflexion, Selbstbeobachtung und Selbstmodifikation) zum Einsatz kommen und kognitive, imaginative wie auch verhaltensbezogene Übungen mittels Unterstützung von entsprechenden Arbeitsblättern/Handouts durchgeführt werden, erfolgt im *HYP-Zugang* ein überwiegendes Arbeiten in Trance mit spezifischen Induktions-Texten für jeden der vier Räume des MentalHauses.

Es existieren also zwei verschiedene »Baupläne« für das MentalHaus, so dass entweder ein kognitiver, eher »bewusster« (KVT) *oder* ein Trance-zentrierter, eher »unbewusster« (HYP) Zugang zur Gestaltung bzw. Einrichtung der vier Räume gewählt bzw. eingesetzt werden kann.

Neben dieser Entweder-oder-Option können, im Sinne eines gestuften Vorgehens, auch beide (KVT/HYP) MentalHaus-Zugänge *nacheinander* durchgeführt werden, mit der möglichen Erzeugung positiver synergetischer Effekte.

> Der KVT- und HYP-Zugang kann entweder einzeln oder auch nacheinander durchgeführt werden, d. h. die einzelnen Räume des MentalHauses werden zunächst mit KVT- und danach mit HYP-Methoden (oder vice versa) bearbeitet.

Trotz dieser inhaltlichen wie auch methodischen Unterschiede wurde sowohl im KVT- wie auch im HYP-Zugang der bereits beschriebene Aufbau des MentalHauses (vier Räume/zwei Sitzungen pro Raum) beibehalten (▶ Tab. 1):

Tab. 1: Aufbau des MentalHauses

Aufbau des MentalHauses	Gliederung im KVT-Zugang zum MentalHaus	Gliederung im HYP-Zugang zum MentalHaus
Der Wohlfühl-Raum	KVT Sitzungen 1 + 2	HYP Sitzungen 1 + 2
Der Ressourcen-Raum	KVT Sitzungen 3 + 4	HYP Sitzungen 3 + 4

2 Aufbau und Inhalte des »MentalHaus«

Tab. 1: Aufbau des MentalHauses – Fortsetzung

Aufbau des MentalHauses	Gliederung im KVT-Zugang zum MentalHaus	Gliederung im HYP-Zugang zum MentalHaus
Der Beratungs-Raum	KVT Sitzungen 5 + 6	HYP Sitzungen 5 + 6
Der Ressourcen-Raum	KVT Sitzungen 7 + 8	HYP Sitzungen 7 + 8
Fakultative Sitzung: Die Hausführung durch mein MentalHaus	KVT Sitzungen 9	HYP Sitzung 9

Selbstverständlich liegen detaillierte Anleitungen zur Gestaltung der vier Räume bzw. Durchführung der acht Sitzungen vor, jeweils getrennt für den KVT- wie auch HYP-Zugang. Des Weiteren werden umfangreiche *Arbeitsmaterialien* (Arbeitsblätter und Audio-Dateien) zur Verfügung gestellt, konzipiert sowohl für den Einsatz in den einzelnen Sitzungen wie auch als »Hausaufgabe« zur Vertiefung der einzelnen Themen und Inhalte.

Aus Gründen der Vergleichbarkeit, um Synergieeffekte zu fördern sowie um einen Transfer zwischen KVT- und HYP-Zugang zu erleichtern, wurde auch der formale Ablauf der Sitzungen zur Bearbeitung der vier Räume des MentalHauses weitgehend parallelisiert (▶ Tab. 2):

Tab. 2: Formaler Ablauf der Sitzungen

KVT-Zugang zum MentalHaus Ablauf der Sitzungen	HYP-Zugang zum MentalHaus Ablauf der Sitzungen
• Begrüßung • Einführung des Themas der jeweiligen Stunde; grundlegende Informationen zum jeweiligen Raum • Bearbeitung des jeweiligen Raums im MentalHaus mittels Übungen, Diskussion und Reflektion • Vereinbarung von Aufgaben zwischen den Sitzungen • Feedback • Terminierung der nächsten Sitzung • Abschluss und Verabschiedung • Durchführung von Hausaufgaben zwischen den Sitzungen: Bearbeitung verschiedener Aufgaben; Durchführung von Übungen; Dokumentation des Ergebnisses/der Wirkung	• Begrüßung • Einführung des Themas der jeweiligen Stunde; grundlegende Informationen zum jeweiligen Raum • Bearbeitung des jeweiligen Raums mittels Trance-Induktion, Nachbearbeitung der Trance mittels Diskussion, Reflexion und »Hypno-Karte« • Feedback • Terminierung der nächsten Sitzung • Abschluss und Verabschiedung • Durchführung der Hausaufgabe in Form von selbstständiger Trance-Induktion mittels Audio-Datei; Dokumentation des Ergebnisses/der Wirkung

Das MentalHaus-Therapieprogramm kann entweder im *Einzelsetting* wie auch in der *Gruppe* (bei 8–12 Teilnehmern/Teilnehmerinnen) durchgeführt werden.

2 Aufbau und Inhalte des »MentalHaus«

> Das MentalHaus ist primär für den Einsatz im Einzelsetting konzipiert worden, allerdings finden sich in jeder Sitzung Hinweise bzw. »Tipps« für die Anpassung/Durchführung in einem Gruppen-Setting.

Die einzelnen Sitzungen des MentalHauses sollten im wöchentlichen Abstand durchgeführt werden, selbstverständlich können aufgrund situativer und/oder Klienten-bezogener Gründe auch andere zeitliche Abstände gewählt werden.

> Pro Sitzung sollten 90 Minuten für die Durchführung im Einzel- und 120 Minuten für die Durchführung im Gruppensetting eingeplant werden.

In der folgenden Tabelle (▶ Tab. 3) findet sich zusammenfassend eine Übersicht über Ablauf und Inhalte des MentalHauses.

Tab. 3: Ablauf und Inhalte des MentalHauses

Indikation	Klienten/Klientinnen ab 16 LJ
Ausrichtung	Ressourcen- sowie Lösungsorientiert
Ziele	• Aktivierung von inneren Ressourcen • Optimierung von Selbstbeobachtung und Selbstreflexion • Optimierung von Selbststeuerung, Selbstorganisation sowie zum Selbstmanagement • Optimierung von Beratungsfertigkeiten • Optimierung von Zielgenerierungsfertigkeiten • Optimierung von Problemlösefertigkeiten • Vermittlung von Fertigkeiten zur Selbsthypnose [HYP-Zugang]

Aufbau des MentalHauses	• Vier Räume:
	  – Wohlfühl-Raum [Sitzungen 1+2]
	  – Ressourcen-Raum [Sitzungen 3+4]
	  – Beratungs-Raum [Sitzungen 5+6]
	  – Visions-Raum [Sitzungen 7+8]
	• Fakultative Abschlusssitzung »Hausführung« [Sitzung 9]

Zugang zum MentalHaus	• KVT: Vier Räume, aufgeteilt auf acht Sitzungen, + Fakultative Abschlusssitzung »Hausführung« • HYP: Vier Räume, aufgeteilt auf acht Sitzungen, + Fakultative Abschlusssitzung »Hausführung«
Setting	Einzeln (90 Min. pro Sitzung) oder Gruppe (120 Min. pro Sitzung)

3 Das MentalHaus: Der kognitiv-verhaltenstherapeutische Zugang

Im KVT-Zugang zum MentalHaus findet eine »bewusste« Bearbeitung der Räume bzw. Themen des MentalHauses mittels verhaltenstherapeutisch fundierter Techniken, Übungen sowie Interventionsstrategien statt. Der Klient/die Klientin soll dadurch zukünftig (noch besser) in die Lage versetzt werden, die eigenen Stärken und Möglichkeiten zu erkennen, diese wertzuschätzen und systematisch zu nutzen. Des Weiteren sollen die Klienten/Klientinnen dabei unterstützt werden, für sich passende Ziele zu generieren sowie neue Handlungspotentiale mit dem eigenen Ressourcenpool zu entwickeln.

Insgesamt sollen die Klienten/Klientinnen mittels des KVT-Zugangs zum MentalHaus ihre Selbstbeobachtung sowie Selbstreflexion verbessern wie auch ihre Fähigkeit zur Selbstmodifikation und Selbstmanagement weiter ausbauen.

Zur intensiveren Bearbeitung der einzelnen Themen des MentalHauses sowie zur Initiierung von Veränderungsprozessen wurden für die einzelnen Räume des MentalHauses Arbeitsblätter sowie beobachtungszentrierte wie auch verhaltensbezogene Übungen erarbeitet.

3.1 Der Wohlfühl-Raum (KVT)

Ziele

In den Sitzungen zum Thema *Wohlfühl-Raum* soll besprochen werden, wie man bei sich einen Zustand von »sich wohlfühlen« bzw. von persönlichem Wohlbefinden erreichen und/oder (wieder-)herstellen kann.

Einleitung

> Mit dem Begriff (subjektives) Wohlbefinden wird das selbst wahrgenommene Gefühl der Zufriedenheit mit dem Leben umschrieben.

Die Herstellung von Wohlbefinden stellt einen wichtigen Baustein im Rahmen eines konstruktiven Belastungsmanagements dar, mit positiven Auswirkungen auf Stressresistenz, Stimmungsregulation und Selbstkontrolle.

Mittels des Wohlfühl-Raums soll ein stabiles Fundament geschaffen werden, welches einem Kraft und Motivation zum Durchstehen/Durchhalten von turbulenten oder schwierigen Lebensphasen geben kann. Des Weiteren soll der Wohlfühl-Raum ein (Rückzugs-)Ort sein, an dem Regeneration erfolgen und Kraft für anstehende Aufgaben gesammelt werden kann.

Übersicht der Arbeitsblätter

Arbeitsblätter Sitzung 1:

- Aktivitäten, die mir guttun [VT-W1a, b]
- Mit allen Sinnen – Die V-A-K-O-G-Liste [VT-W2]
- Kleine Schule des Genießens – sieben Empfehlungen [VT-W3]
- Menschen, die mir guttun [VT-W4]
- Meine Entspannungsmerkmale [VT-W5]
- Zur Ruhe kommen mit der Atembeobachtung [VT-W6]

Arbeitsblätter Sitzung 2:

- Tagesrückblick [VT-W7]
- Alles was mir gut tut [VT-W8]
- Hilfreiche Übergangsrituale [VT-W9]

3.1.1 Ablauf Sitzung 1

In dieser ersten Sitzung des MentalHauses soll mit den Klienten/Klientinnen besprochen werden, wie diese für sich selbst »Wohlbefinden« herstellen und erhalten können.

Zum Einstieg in das Thema bieten sich folgende Themen-spezifische Fragen an (in der »Ich-Form« formuliert):

Denkaufgabe:

- Was brauche ich, damit ich mich wohlfühle?
- Wie kann ich mir das genehmigen/zugestehen/geben/herstellen/bekommen und/oder erhalten?
- Woran merke ich, dass ich mich wohlfühle?
- Satzergänzung: »*Wohlbefinden ist für mich...*«; »*Zum Wohlfühlen brauche ich...*«
- Wann habe ich mich das letzte Mal (so richtig) wohlgefühlt? Wo bin ich da gewesen, was habe ich da gemacht, wer war da noch anwesend bzw. daran beteiligt?
- In welcher Gemeinschaft fühle ich mich wohl?
- Bei welchen Aktivitäten oder Handlungen fühle ich mich wohl? Welche Aktivitäten oder Handlungen lösen bei mir Wohlbefinden aus?

Falls die Klienten/Klientinnen Schwierigkeiten haben, die oben genannten Fragen *aktuell* zu beantworten, kann der Fokus der Betrachtung auch auf die Vergangenheit gerichtet werden (z. B. in der folgenden Form: »*Was habe ich früher gebraucht, um mich wohlzufühlen?*«, »*Wie konnte ich mir das früher genehmigen/zugestehen/geben/herstellen/bekommen und/oder erhalten?*«, »*Woran habe ich früher bemerkt, dass ich mich wohlfühle?*« usw.).

Falls die Klienten/ Klientinnen Unterstützung bei der Identifikation bzw. Benennung von mit Wohlbefinden assoziierten Aktivitäten benötigen, kann das Arbeitsblatt *VT-W1a, b: Aktivitäten, die mir guttun* ausgeteilt werden. Darüber hinaus können die Klienten/Klientinnen beim Betrachten dieser Liste gebeten werden, alle darauf aufgeführten Items anzukreuzen, die bei ihnen potentiell Wohlbefinden auslösen/herstellen *könnten*, auch wenn sie diese Handlungen/Aktivitäten bislang noch nicht ausprobiert haben oder umsetzen konnten.

> **Hinweise für die Umsetzung im Gruppensetting:**
>
> Um die Gruppe zu aktivieren, werden (DIN-A5) Kärtchen ausgeteilt und die Teilnehmer/Teilnehmerinnen sollen darauf ihre individuellen Möglichkeiten zum »sich wohlfühlen« notieren.
> Die Kärtchen werden nach dem Ausfüllen auf einem Flip-Chart/Board angebracht und nach Kategorien (z. B. Bewegung, Entspannung, Genuss/sinnliche Erlebnisse, Geselligkeit/gute soziale Kontakte...) geordnet.
> Es empfiehlt sich, dass die Klienten/Klientinnen anschließend untereinander Erlebnisse/Geschichten/Erlebnisberichte zu ihren individuellen Möglichkeiten zum »sich wohlfühlen« austauschen (dieser Austausch unter den Teilnehmern/Teilnehmerinnen kann z. B. mittels der folgenden Leitfragen moderiert werden: »*Wann haben Sie sich das letzte Mal wohlgefühlt? Wann haben Sie zum letzten Mal* [diese Maßnahme zum Wohlfühlen] *umgesetzt?*«

In den folgenden Abschnitten sollen nun weitere »Bausteine« bzw. »Zutaten« (ohne Anspruch auf Vollständigkeit) besprochen sowie ganz praktisch erkundet werden, die den Klienten/Klientinnen bei der Herstellung eines individuellen Wohlbefindens Unterstützung bieten können – im Einzelnen sind das:

- Genuss/Sinnliche Erlebnisse
- (Gute) soziale Kontakte/Geselligkeit
- Bewegung/körperliche Aktivität
- Entspannung
- ...

Sinnliche Erlebnisse/Genuss

Zum Einstieg in dieses Thema können den Klienten/Klientinnen folgende Fragen und Aufgaben gestellt werden:

- Bitte vervollständigen Sie folgenden Satz: »Genuss ist für mich…«
- Was haben Sie während der letzten 24 Stunden genossen?
- Was genießen Sie prinzipiell?
- Bitte vervollständigen Sie folgenden Satz: »Zum Genießen brauche ich…«
- Auf welche Art und Weise hilft Ihnen Genuss bzw. etwas Genussvolles zu erleben, bei sich einen Zustand von Wohlbefinden herzustellen?
- Wann haben Sie das letzte Mal (so richtig) genossen? Wo sind Sie da gewesen, was haben Sie da gemacht, wer war noch anwesend bzw. daran beteiligt?

Da Genuss eine über die Sinne vermittelte Erlebnisqualität darstellt, gilt es, als nächstes mit den Klienten/Klientinnen in beliebiger Reihenfolge zu besprechen, was Sie gerne hören, sehen, riechen, spüren und schmecken. Die so gefundenen Vorlieben werden dann bei Bedarf gleich (oder auch in der Nachbereitung der Sitzung als Hausaufgabe) auf dem Arbeitsblatt *VT-W2: Mit allen Sinnen – Die V-A-K-O-G-Liste* eingetragen.

Um dieses Thema nicht nur kognitiv zu bearbeiten, sondern für die Klienten/Klientinnen in der Sitzung auch sinnlich erlebbar zu machen, können Übungen zum »bewussten Wahrnehmen« (▸ Tab. 4) durchgeführt werden. Zu diesem Zweck werden die Klienten/Klientinnen gebeten, ein Anschauungsobjekt ausführlich mit *einem* Sinneskanal zu erkunden:

Tab. 4: Übungen zum bewussten Wahrnehmen

Sinneswahrnehmung	Objekte
Tasten/Spüren	Gegenstände unterschiedlichster Form und Konsistenz, z. B.: Nüsse, Kastanien, Kieselsteine, Muscheln, Federn, Blätter, Blüten, Knetmasse, Murmeln, Stoffe, Watte etc.
Riechen	Ungespritzte Früchte (z. B. Orangen, Zitronen), Blüten, frisches Gras/Heu, Gewürze, Kräuter, Tee, Kaffee, Parfüm, Hautlotion etc.
Schmecken	Schokolade, Nüsse, Salzgebäck, Erdnüsse, Früchte, Gewürze, Bonbons, Fruchtgummi etc.
Hören	CD mit Naturgeräuschen (Vogelstimmen, Meeres- und Windrauschen, Regen), Lieblings-Musikstück

Hinweise für die Umsetzung im Gruppensetting:

Die Klienten/Klientinnen werden gebeten, zur nächsten Sitzung ein individuell ansprechendes sinnliches »Anschauungsobjekt« (d. h. etwas zum Riechen, Spüren, Tasten, Schmecken, Hören) mitzubringen, welches dann von den anderen auf sinnliche Art und Weise erkundet werden kann.

Des Weiteren sollen hier noch »7 Genuss-Empfehlungen« (keinesfalls Regeln!) dargestellt werden, die einem das Genießen im Alltag erleichtern können (Arbeitsblatt

VT-W3: *Kleine Schule des Genießens – 7 Empfehlungen*). In diesem Zusammenhang ist es sinnvoll, mit den Klienten/Klientinnen zu besprechen, welche der auf dem *Arbeitsblatt VT-W3* aufgeführten Empfehlungen zum Genießen sie bereits häufig/konsequent umsetzt (weiterführen) und welche bislang noch zu selten umgesetzt/befolgt werden (häufiger berücksichtigen).

Damit in Zukunft dem alltäglichen Genuss mehr Beachtung geschenkt wird, soll die Klienten/Klientinnen sich als »Hausaufgabe« bis zur nächsten Sitzung täglich etwas Genussvolles vornehmen und dies auf dem Arbeitsblatt VT-W7: *Tagesrückblick* dokumentieren (»*Heute habe ich [...] genossen*«).

(Gute) soziale Kontakte/Geselligkeit

Genauso wichtig für das eigene Wohlbefinden ist der Kontakt zu Menschen, die liebevoll, wohlwollend und unterstützend sind. Folgende Fragen können dazu dienen, mit dem Klienten/der Klientin dieses Thema zu besprechen:

- Welche Menschen tun Ihnen gut/... erhöhen Ihr Wohlbefinden/... führen dazu, dass Sie sich wohlfühlen?
- Wie stellen diese Menschen es an, dass Sie sich im Beisein dieser Menschen wohl fühlen?
- Was machen Sie, damit sich diese Menschen in Ihrer Gesellschaft wohl fühlen?
- Auf welche Art und Weise hilft Ihnen der soziale Kontakt zu anderen Menschen, bei sich einen Zustand von Wohlbefinden herzustellen?
- Wann haben Sie sich im Kontakt mit anderen (so richtig) wohlgefühlt? Wo sind Sie da gewesen, was haben Sie da gemacht, welche Menschen waren anwesend bzw. daran beteiligt?

Eine Möglichkeit zur bildhaften Umsetzung dieses Themas findet man auf dem Arbeitsblatt VT-W4: *Menschen, die mir guttun*. Auf diesem Handout lassen sich anschaulich nicht nur die Namen/Anzahl der Freunde und guten Bekannten (= soziales Unterstützungssystem) darstellen, sondern es kann auch zusätzlich mittels Abstand zur eigenen Person dokumentiert werden, wie nah einem diese Person steht. Des Weiteren kann bei jeder Person zusätzlich dokumentiert werden, auf welche Art und Weise sie einem »guttut« (z. B.: »*Hat immer ein offenes Ohr für mich*«).

Da gute soziale Kontakte/Geselligkeit zumeist ein interaktives Phänomen darstellen, sollte in diesem Zusammenhang auch gefragt werden, wie bzw. auf welche Art und Weise die Klienten/Klientinnen selbst den oben genannten Menschen »guttun«.

> **Hinweise für die Umsetzung im Gruppensetting:**
>
> Die Klienten/Klientinnen werden gebeten mitzuteilen, inwieweit/auf welche Art und Weise ihnen der Kontakt/der Austausch mit den anderen Gruppenteilnehmern guttut bzw. ihr Wohlbefinden erhöht.

Bewegung

Regelmäßige körperliche Betätigung bzw. Sport ist eine gute Möglichkeit, um Stress (Dampf, Aggression, Wut, Frust, innere Unruhe) abzubauen bzw. diesen auszuleben und einen »Wohlfühlzustand« zu erreichen. Darüber hinaus wird über regelmäßige Bewegung die Leistungsfähigkeit gesteigert und damit auch die Resistenz gegenüber Stressoren erhöht.

Folgende Fragen können dazu dienen, mit den Klienten/Klientinnen dieses Thema zu besprechen:

- Wann haben Sie sich zum letzten Mal bewegt bzw. sportlich betätigt? (z. B. Spazieren, Radeln, Schwimmen, Tanzen etc.)
- Wie haben Sie sich danach gefühlt?
- Wie motivieren Sie sich zu Bewegung bzw. sportlicher Aktivität?
- Sind Sie lieber in Gesellschaft (mit wem?) oder lieber für sich, wenn Sie sich bewegen bzw. sportlich betätigen?
- Auf welche Art und Weise hilft Ihnen Bewegung, bei sich einen Zustand von Wohlbefinden herzustellen?

Bei Bedarf sollte mit den Klienten/Klientinnen besprochen werden, wie diese wieder mehr *Bewegung* in ihr Leben bringen können. Dabei sollte darauf geachtet werden, dass die Vorschläge gesundheitsdienlich (ist vorab ein ärztlicher Check-up bzw. Beratung notwendig?), realistisch (keine »Steigerung um 100 %«-Lösung), umsetzbar (»kleine Schritte«, nur allmähliche Steigerung in Belastungsintensität und -dauer) wie auch alltagskompatibel sind (z. B. das Auto weiter weg parken; Treppenlaufen anstatt Fahrstuhlfahren, öfters mal aufs Fahrrad umsteigen) und zu einem »passen«; dies bezieht sich sowohl auf die durchgeführte Bewegungsform wie auch auf die Ausführung (z. B. alleine vs. in Gesellschaft). Des Weiteren soll mit den Klienten/Klientinnen besprochen werden, wie bewegungszentrierte Aktivitäten einen festen Platz im Tages- bzw. Wochenablauf einnehmen können.

> **Hinweise für die Umsetzung im Gruppensetting:**
>
> - Die Klienten/Klientinnen werden gebeten mitzuteilen, welchen Stellenwert Bewegung/sportliche Aktivitäten momentan in ihrem Leben einnimmt und welches die positiven Auswirkungen davon auf das Wohlbefinden sind.
> - Des Weiteren sollte besprochen werden, ob man die Erfahrung gemacht hat, dass man durch Bewegung/sportliche Aktivitäten eine negative/dysphorische Stimmungslage in ein »gutes Wohlbefinden« umwandeln konnte (▶ Tab. 5).

Tab. 5: Wohlbefinden

Wohlbefinden			
...vor dem Sport	...während des Sports	...nach dem Sport	Fazit
✎: ...	✎: ...	✎: ...	☺ ☺ ☹

Entspannung

Sich »*ent*spannen können« ist eine wichtige Ressource zur Erholung/Regeneration von stressigen Ereignissen. Des Weiteren kann sich »*ent*spannen können« eine wichtige Ressource zum besseren Aushalten sowie zur besseren Bewältigung von stressvollen Ereignissen sein. Um sich in einen entspannten Zustand zu bringen, eignen sich zum einen standardisierte Entspannungsverfahren (z. B. das »Autogene Training« oder die »Progressive Muskelrelaxation«; in einem erweiterten Sinne auch verhaltensbezogene (psychophysiologische) Maßnahmen wie »Yoga«, »Tai-Chi« sowie physikalische Maßnahmen wie bspw. Sauna, Thermalbad, Badewanne usw.) und es können auch ganz eigene Möglichkeiten bzw. Rituale entwickelt werden, um im Alltag »*loszulassen, zur Ruhe zu kommen, auszuspannen*«.

Um eine entspannungszentrierte Diskussion zu gestalten, können den Klienten/Klientinnen folgende Fragen gestellt werden:

- Wobei/wie haben Sie sich während der letzten 24 Stunden entspannt?
- Wie entspannen Sie sich prinzipiell?
- Bitte vervollständigen Sie folgenden Satz: »*Entspannung ist für mich...*«
- Bitte vervollständigen Sie folgenden Satz: »*Zum Entspannen brauche ich...*«
- Welche Entspannungsverfahren kennen Sie und/oder haben Sie bereits ausgeübt?
- Auf welche Art und Weise hilft Ihnen Entspannung (bzw. die Durchführung von standardisierten Entspannungsverfahren) dabei, bei sich einen Zustand von Wohlbefinden herzustellen?

Die Klienten/Klientinnen können zusätzlich gebeten werden, ihre Antworten auf die oben genannten Fragen zusammenhängend auf dem Arbeitsblatt VT-W5: *Meine Entspannungsmerkmale* zusammenzufassen. Auch hier ist auszuwählen, ob dies gleich geschehen soll oder ob dieses Handout stattdessen als »Hausaufgabe« mitgegeben wird, so dass der Inhalt der heutigen Sitzung von den Klienten/Klientinnen in Ruhe nachgearbeitet werden kann.

> **Hinweise für die Umsetzung im Gruppensetting:**
>
> - Die Klienten/Klientinnen sollten dazu angeregt werden, ihre Kenntnisse mit den anderen zu teilen, indem Sie bspw. eine »Demonstration« von bewegungsbezogenen Ansätzen (Yoga, TaiChi etc.) oder auch eine Erläuterung/

> Erklärung zu den von ihnen durchgeführten psychologischen Entspannungsverfahren (z. B. PMR, AT) geben.
> - Des Weiteren können die Klienten/Klientinnen gebeten werden, zur nächsten Sitzung anschauliche Beispiele (CD, DVD), Materialien (z. B. Klangschale) oder Nachschlagewerke (Bücher, Internet) für die von ihnen praktizierten Entspannungsverfahren mitzubringen.

Abschließend soll mit der Übung »Atembeobachtung« (Anleitung dazu auf Arbeitsblatt VT-W6: *Zur Ruhe kommen mit der Atembeobachtung*) noch eine atemzentrierte Möglichkeit zur Induktion von Entspannung vorgestellt werden, die sich aufgrund ihres geringen zeitlichen Aufwandes in der Regel problemlos in den Alltag integrieren lässt.

Um diese Übung durchzuführen, richtet man die Aufmerksamkeit auf den eigenen Atem und »begleitet« diesen, indem man immer beim *Ausatmen* in Gedanken *rückwärts* mitzählt.

Die Übung »Atementspannung« kann auch weiter ausgebaut werden, indem das Atmen mit den folgenden Suggestionen verbunden wird:

- Einatmen = aufnehmen, was immer man braucht
- Ausatmen = abgeben, was einen alles belastet

Um einen nachhaltigen Effekt zu erreichen, sollten die Klienten/Klientinnen als »Hausaufgabe« diese Übung bis zur nächsten Sitzung täglich durchführen.

Darüber hinaus soll sich die Klienten/Klientinnen bis zur nächsten Sitzung jeden Abend etwas Zeit nehmen, um über die folgenden Fragen mit Fokus auf Wohlbefinden nachzudenken (Arbeitsblatt VT-W7: *Tagesrückblick*):

- Was/Wer hat mir heute gutgetan?
- Was/Wer hat heute bei mir Wohlbefinden ausgelöst?
- Was/Wer hat mir heute Kraft gegeben?
- Was/Wer hat mich heute entspannt?
- Was/Wer hat mich heute bestärkt?
- Was/Wen habe ich heute genossen?
- Was/Wer hat mich heute aufgerichtet?
- Was/Wer hat mich heute zum Lächeln gebracht?
- Was ist heute alles schön gewesen?

Dabei ist es nicht notwendig, alle der oben genannten Fragen des Tagesrückblicks mit Fokus auf Wohlbefinden zu beantworten. Die verschiedenen Fragen sollen lediglich einen gedanklichen »Suchprozess« auslösen, sodass man sich besser an die verschiedenen guten Momente des Tages erinnern kann. Die Antworten der Klienten/Klientinnen auf die oben genannten Fragen sollten von diesen schriftlich aufgezeichnet werden. Bei der Gestaltung dieses »Tagebuches voller schöner Erlebnisse« kann selbstverständlich ganz kreativ und abwechslungsreich vorgegangen werden, von einer stichwortartigen Auflistung der positiven Erlebnisse bis hin zu einer bildhaften Ausschmückung dieser Tagesrückblicke mit Zeichnungen oder Fotografien.

Diese Aufzeichnungen können zum einen die Klienten/Klientinnen dabei unterstützen, ihre Aufmerksamkeit (wieder) mehr auf die positiven Seiten des Tages bzw. ihres Lebens zu richten. Darüber hinaus können Sie die Klienten/Klientinnen zum anderen dabei unterstützen herauszufinden, was sie benötigen, um sich (mit und in ihrem Leben) wohlzufühlen.

Nach erfolgtem positiven Tagesrückblick soll sich die Klienten/Klientinnen abschließend noch etwas Zeit nehmen, um an den morgigen Tag zu denken, ebenfalls mit Fokus auf Wohlbefinden:

- Was/Wer könnte mir morgen guttun?
- Was/Wer könnte morgen bei mir Wohlbefinden auslösen?
- Was/Wer könnte mir morgen Kraft geben?
- Was/Wer hat könnte mich morgen entspannen?
- Was/Wer könnte mich morgen bestärken?
- Was/Wen könnte ich morgen genießen?
- Was/Wer könnte mich morgen aufrichten?
- Was/Wer könnte mich morgen zum Lächeln bringen?
- Was könnte morgen alles schön werden?

> **Hausaufgaben bis zur nächsten Sitzung:**
>
> - Drei Wohlfühlaktivitäten (konkret benennen lassen) durchführen
> - (Nach-)Bearbeitung der verschiedenen Arbeitsblätter
> - Tägliche Durchführung der Übung »Atembeobachtung«
> - Tägliche Durchführung der Übung »Tagesrückblick«

3.1.2 Ablauf Sitzung 2

In der Sitzung 2 sollen zum einen die (guten) Erfahrungen der Klienten/Klientinnen bei der Umsetzung der »Hausaufgaben« aus Sitzung 1 besprochen werden. Des Weiteren sollen die einzelnen Themen der ersten Sitzung ergänzt und weiter vertieft werden, indem beispielsweise (nochmals) die Leitfragen aus Sitzung 1 diskutiert werden:

> **Denkaufgabe:**
>
> - Was brauche ich, damit ich mich wohlfühle?
> - Wie kann ich mir das genehmigen/zugestehen/geben/herstellen/bekommen und/oder erhalten?
> - Woran merke ich, dass ich mich wohlfühle?
> - Satzergänzung: »Wohlbefinden ist für mich...«; »Zum Wohlfühlen brauche ich...«

- Wann habe ich mich das letzte Mal (so richtig) wohlgefühlt? Wo bin ich da gewesen, was habe ich da gemacht, wer war da noch anwesend bzw. daran beteiligt?
- In welcher Gemeinschaft fühle ich mich wohl?
- Bei welchen Aktivitäten oder Handlungen fühle ich mich wohl? Welche Aktivitäten oder Handlungen lösen bei mir Wohlbefinden aus?

Fazit: Alles was mir guttut

Die Klienten/Klientinnen sollen dann ihr persönliches Fazit auf die oben genannten Fragen zusammenhängend auf dem Arbeitsblatt VT-W8: *Alles was mir gut tut* eintragen.

Abschließend soll mit den Klienten/Klientinnen besprochen werden, welche »Bausteine/Zutaten« sie benötigen, damit sich »Wohlbefinden« einstellen kann und wie sie im Alltag dafür sorgen können, dass sie sich diese auch erlauben, gönnen, genehmigen, beschaffen. In diesem Zusammenhang hat sich auch das *Arbeitsblatt VT-W8* als »Erinnerungshilfe« bewährt: dieses sollte öfters pro Woche durchgelesen werden, um zu überprüfen, ob die darauf notierten: Wohlfühl-Handlungen, Aktivitäten, Interaktionen, Erlebnisse etc. auch erlebt bzw. unternommen wurden.

Übergangsrituale

Da viele Klienten/Klientinnen Schwierigkeiten haben, einen »guten« Übergang von Aktivität zu Ruhe/Erholung zu finden, kann abschließend über geeignete *Übergangsrituale* gesprochen werden. Damit sind (wiederkehrende) Verhaltensweisen, Gedanken sowie Einstellungen gemeint, die einem helfen können: »*zur Ruhe zu kommen, eine Wohlfühlatmosphäre herzustellen, zu entschleunigen, auszuspannen, sich zu erholen, einfach mal Nichts zu tun*«.

Einen Einstieg in eine entsprechende Diskussion kann bspw. anhand der Leitfrage »Was erleichtert mir den Übergang in den Feierabend?« gestellt werden; z. B. indem ich: die (Arbeits-) Kleidung wechsle; meine Schlabber-Wohlfühl-Klamotten anziehe; unmittelbar nach der Arbeit einen Spaziergang mache, um den Kopf frei zu bekommen; mich bei einer guten Tasse Tee mit meinem Partner über den Tag unterhalte; die schönen Momente des Tages Revue passieren lasse; meine Cool-Down Musik auflege; mir sage, jetzt hast du aber genug getan für heute; (meine) Entspannungs-Übung durchführe etc.

Die Klienten/Klientinnen können ihre Antworten bzw. Erkenntnisse zur »Erinnerungshilfe« auf dem Arbeitsblatt VT-W9: *Hilfreiche Übergangsrituale* dokumentieren.

Hinweise für die Umsetzung im Gruppensetting:

- Die Klienten/Klientinnen stellen gegenseitig ihre hilfreichen Übergangsrituale vor.
- Dabei können auch hilfreiche »Morgen-Rituale« (i.S. von: »Was erleichtert mir einen guten Start in den Tag?«) thematisiert werden.

Ausblick

Wohlbefinden ist ein Zustand, der immer wieder (selbst) hergestellt werden kann/muss. Aus diesem Grund sollten die Klienten/Klientinnen regelmäßig (d. h. öfters pro Tag) ihre Befindlichkeit überprüfen (»*Wie geht es mir gerade? Wie wohl fühl ich mich aktuell?*«; »*Was muss ich tun, dass es so bleibt bzw. besser wird?*«), um bei Bedarf entsprechende regulatorische Maßnahmen zu ergreifen. Genauso wichtig ist es, aktiv dafür zu sorgen, dass individuelle »Wohlfühlmaßnahmen« einen festen Platz im Tagesablauf bekommen.

3.1.3 Arbeitsblätter Wohlfühl-Raum

Das MentalHaus – Aktivitäten, die mir guttun [VT-W1a]

Was?		Wie gerne?			Wie häufig?		
Aktivitäten/Erlebnisse		Nicht	Etwas	Sehr	Nie	Selten	Oft

Kontakt und Geselligkeit

- Mit jemanden zusammen sein, den man mag
- Mit den Kindern spielen
- Unternehmungen/Ausflüge mit der Familie
- Besuche machen/Besuche empfangen
- Auf Feste gehen/Feiern ausrichten
- Geschenke machen/bekommen
- Mit Freunden über ein persönliches Anliegen bzw. Problem reden
- Mit dem Partner über Organisatorisches sprechen
- Den eigenen Standpunkt vertreten
- Kritik äußern/Die Meinung sagen
- Jemandem helfen
- Jemanden anlächeln/loben
- Für jemanden etwas Besonderes tun
- Einen Vertrauten um Rat/Hilfe bitten
- Ein Café/Lokal besuchen
- In einem Verein mitarbeiten/sich gemeinnützig engagieren
- Gesellschaftsspiele
- …

Für sich sein

- Zeitung/Ein gutes Buch lesen
- Tagebuch/Briefe schreiben
- Entspannen/Pause machen
- Sauna/Massage/Ein Bad nehmen
- Den nächsten Urlaub planen
- Positive Zukunftspläne schmieden

Was?	Wie gerne?			Wie häufig?		
Aktivitäten/Erlebnisse	Nicht	Etwas	Sehr	Nie	Selten	Oft
• Tagträumen/Meditieren • Durch die Stadt bummeln • Ein persönliches Problem lösen						

Das MentalHaus – Aktivitäten, die mir guttun [VT-W1b]

Was?	Wie gerne?			Wie häufig?		
Aktivitäten/ Erlebnisse	Nicht	Etwas	Sehr	Nie	Selten	Oft
• Ein Nickerchen machen/Ausschlafen • Musik hören • Sich etwas zum Geschenk machen • …						

Hobbys ausüben

- Sich sportlich betätigen
- Sportveranstaltungen besuchen
- Gartenarbeit
- Sachen sammeln
- Basteln/Heimwerken
- Sich künstlerisch betätigen
- Einen Kurs bei der VHS besuchen
- Besuch von Museum/Theater/Kino/Konzert/ Kunstsammlung/Vortrag
- Tanzen gehen
- …

Im Freien sein

- Spazierengehen/Wandern
- Radfahren/Laufen/Schwimmen
- In der Sonne sitzen
- Pflanzen pflücken/An Blumen riechen
- Eine schöne Aussicht genießen
- Barfuß laufen/Durchs Wasser waten
- In den Himmel schauen
- Im Gras liegen
- Naturgeräuschen zuhören
- …

3.1 Der Wohlfühl-Raum (KVT)

Das MentalHaus – Mit allen Sinnen – Die V-A-K-O-G-Liste [VT-W2]

VISUELL: Was sehe ich gerne? Was spricht mich visuell an?

_____

_____

AUDITIV: Was höre ich gerne? Was ist für mich ein angenehmes Geräusch?

_____

_____

KINÄSTHETISCH – Was spüre ich gerne? Was fühlt sich für mich gut an?

_____

_____

OLFAKTORISCH: Was rieche ich gerne? Was ist für mich ein angenehmer Geruch?

_____

_____

GUSTATORISCH: Was schmecke ich gerne? Was ist für mich ein angenehmer Geschmack?

_____

_____

Das MentalHaus – Kleine Schule des Genießens – sieben Empfehlungen [VT-W3]

- ✓ **Genehmige und gönne Dir Genuss**
  »Auch zum Genießen gehört ein Entschließen« – Sie können evtl. Hemmungen oder schlechtes Gewissen beim Genießen überwinden. Sie haben es sich redlich verdient!
- ✓ **Genieße bewusst**
  Schalten Sie evtl. Störungen aus und konzentrieren Sie sich beim Genießen auf wenige Dinge. Lenken Sie Ihre Aufmerksamkeit gezielt auf das, was Sie genießen möchten!
- ✓ **Genieße auf Deine eigene Art**
  Über Geschmack lässt sich nicht streiten. Über das Genießen auch nicht. Was zählt, ist Ihre persönliche Art und Weise zu genießen. Es kann angenehm spannend sein, dies herauszufinden. Um es dann immer wieder zu tun!
- ✓ **Weniger ist oft mehr**
  Genießen lässt sich auch das Kleinste oder Alltäglichste. Für Genuss ist nicht die Menge, sondern allein die Qualität entscheidend. Übersättigen Sie sich nicht mit unnötigen Mengen und gönnen Sie sich das jeweils für Sie Beste!
- ✓ **Übe Deine Sinne im Genießen**
  Indem Sie Ihre Aufmerksamkeit ganz und gar auf ein *Sinnes-Erlebnis* konzentrieren, z. B. Schmecken oder Riechen, dabei mehr und mehr Ihre Sinne schärfen und immer wieder neue Nuancen entdecken!
- ✓ **Nimm Dir Zeit zum Genießen**
  Genuss kann selten unter Zeitdruck erlebt werden. Aber oft genügt ein Augenblick des Genießens!
- ✓ **Genuss liegt im Alltäglichen**
  Der erste Blick aus dem Fenster am Morgen, ein Lächeln, der Geruch von frischem Brot, spielende Kinder, Vogelgezwitscher, ein Sonnenstrahl, der die Wolkendecke durchdringt ... Öffnen Sie Ihre Sinne und der Genuss wird Sie finden – gerade und besonders im Alltag!

Das MentalHaus – Menschen, die mir guttun [VT-W4]

Gute Kontakte zu anderen Menschen:

- geben einem ein gutes Gefühl
- können einem helfen, schwere Zeiten durchzustehen
- können bestimmte Momente noch schöner/intensiver machen
- ...

Auf diesem Arbeitsblatt können Sie alle Menschen eintragen, die Ihnen *guttun* – Gehen Sie dafür bitte folgendermaßen vor:

- Der Kreis in der Mitte sind Sie.
- Tragen Sie nun bitte um den Kreis herum die Namen der Menschen ein, die Ihnen *guttun* – mit denen Sie gerne zusammen sind.
- Diese Menschen können beispielsweise aus Ihrer Familie bzw. aus der Verwandtschaft oder der Nachbarschaft kommen, Freunde, Arbeitskollegen oder Bekannte sein.

Das MentalHaus – Meine Entspannungsmerkmale [VT-W5]

Entspannung ist etwas Individuelles: jeder entspannt auf seine eigene Art und Weise und hat persönliche Anzeichen der Entspannung: *Woran merken Sie, dass Sie entspannt sind?* Was spüren Sie? Was passiert im Kopf?

Körperempfindungen	Gefühlslage	Gedanken/Bilder

Überlegen Sie in diesem Zusammenhang auch, *wann* – d. h. in welchen Situationen/ bei welchen Aktivitäten – Sie *entspannt* sind:

- …
- …
- …

Ergänzen Sie folgenden Satz: *Zur Entspannung brauche ich*:

- ...
- ...
- ...

Das MentalHaus – Zur Ruhe kommen mit der Atembeobachtung [VT-W6]

Die *Atembeobachtung* kann Sie dabei unterstützen, innere Ruhe und Entspannung zu finden. Sie könnten diese Übung immer dann einsetzen, wenn Sie sich eine kleine Wohlfühl-Pause gönnen möchten.

Um diese Übung durchzuführen, können Sie folgendermaßen vorgehen:

✓ Wählen Sie einen Zeitpunkt und einen Ort, an dem Sie ungestört sind.
✓ Nehmen Sie eine angenehme Position ein, im Sitzen oder Liegen.
✓ Sie können auch die Augen schließen.
✓ *Atmen Sie einmal tief ein und aus.*
✓ Legen Sie eine Hand auf die Brust und die andere über den Bauchnabel.
✓ Überprüfen Sie, welche Hand sich schneller bewegt: ist es die Hand auf der Brust oder Ihre Hand auf dem Bauch?
✓ Lernen Sie jetzt, ganz entspannt mit dem Bauch zu atmen: Atmen Sie so, dass sich Ihre Hand auf dem Bauch (über dem Nabel) deutlich hebt und senkt.
✓ Spüren Sie, wie sich Ihr Bauch beim Einatmen hebt und beim Ausatmen wieder senkt.

Bitte wenden Sie diese Übung möglichst *täglich* an!

Das MentalHaus – Tagesrückblick [VT-W7]

Was/Wer...

- hat mir *heute* gutgetan?
- hat mir *heute* Kraft gegeben?
- hat mich *heute* entspannt?
- ist *heute* schön gewesen?
- hat mich *heute* bestärkt?
- habe ich *heute* genossen?
- hat mich *heute* aufgerichtet?
- hat mich *heute* zum Lachen/Lächeln gebracht?

Was/Wer...

- hätte mir *heute* (noch) ...?

Was/Wer...

- könnte mir morgen guttun?
- könnte mir morgen Kraft geben?
- könnte mich morgen entspannen?
- könnte morgen schön sein?
- könnte mich morgen bestärken?
- könnte ich morgen genießen?
- könnte mich morgen aufrichten?
- könnte mich morgen zum Lachen/Lächeln bringen?

Das MentalHaus – Alles was mir guttut [VT-W8]

Welche Menschen tun mir gut?

Welche Aktivitäten tun mir gut?

Welche Empfindungen (VAKOG) tun mir gut?

Das MentalHaus – Hilfreiche Übergangsrituale [VT-W9]

3.2 Der Ressourcen-Raum (KVT)

Ziele

In den Sitzungen zum Thema *Ressourcen-Raum* soll besprochen werden, welche inneren Ressourcen man bereits aufweist und wie man diese Ressourcen im Alltag gut für sich nutzen kann. Des Weiteren soll darüber nachgedacht werden, wie man sich weitere hilfreiche bzw. notwendige innere Ressourcen aneignen kann, um zukünftig anstehende Probleme/Herausforderungen noch besser zu bewältigen.

Einleitung

> Der Begriff: »Innere Ressourcen« bezeichnet die *guten Eigenschaften*, Fähigkeiten, (Handlungs-)Kompetenzen, Stärken und Talente eines Menschen, *die er einsetzen kann, um eine bestimmte Aufgabe zu lösen oder ein bestimmtes Ziel zu erreichen.*

Das Sich-bewusst-machen seiner inneren Ressourcen kann somit zu einem positiveren (besseren/stabileren) Selbstbild wie auch zu einer verstärkten Selbstwirksamkeits-Überzeugung führen.

Mittels des Ressourcen-Raumes soll ein Ort geschaffen werden, wo man all seine guten Eigenschaften – Fähigkeiten – Kompetenzen – Stärken und Talente »geballt versammelt« findet, die man benötigt, um eine Anforderung erfolgreich zu bewältigen, zu bestehen, eine Herausforderung aus eigener Kraft zu meistern oder ein Problem zu lösen.

Übersicht der Arbeitsblätter

Arbeitsblätter Sitzung 3:

- Was zeichnet mich aus [VT-R1]
- Meine inneren Ressourcen [VT-R2 a, b, c]
- Meine inneren Ressourcen im Alltag [R3]

Arbeitsblätter Sitzung 4:

- Meine inneren Ressourcen-Liste [VT-R4]
- Meine Erfolgs-Timeline [VT-R5]

3.2.1 Ablauf Sitzung 3

Um einen Einstieg in das Thema zu wählen, können folgende Leitfragen besprochen werden:

3.2 Der Ressourcen-Raum (KVT)

> **Denkaufgabe:**
>
> - Welche guten Eigenschaften (Fähigkeiten, Kompetenzen, Stärken) und Talente eines Menschen (= innere Ressourcen) fallen Ihnen ein?
> - Wofür/wozu sind diese im Alltag nützlich?
> - Woran erkennt man, dass jemand eine bestimmte gute Eigenschaft (Fähigkeit, Kompetenz, Stärke, Talent) aufweist? Wie verhält sich dieser Mensch? Was denkt sich/was sagt dieser Mensch?

Gegenwarts-Ressourcen

Um das Ganze zu personalisieren, soll danach auf die *aktuellen* inneren Ressourcen (= *Gegenwarts-Ressourcen*) der Klienten/Klientinnen eingegangen werden, z. B. mittels der folgenden Fragen:

> **Denkaufgabe:**
>
> - Was zeichnet mich aus?
> - Wo liegen meine Stärken?
> - Was kann ich gut?
> - Welche guten Eigenschaften, Fähigkeiten, Kompetenzen und Talente weise ich auf?

Diese können dann in der linken (»Aus meiner Sicht«) Spalte auf dem Arbeitsblatt R1: *Was zeichnet mich aus* eingetragen werden.

In einem weiteren Schritt soll mit dem Klienten darüber gesprochen werden, welche guten Eigenschaften – Stärken – Kompetenzen – Talente ihm von seinen guten Freunden/Bekannten zugesprochen werden.

> **Denkaufgabe:**
>
> Welche guten Eigenschaften, Fähigkeiten, Kompetenzen und Talente werden mir von meinen guten Freunden/Bekannten zugesprochen?

Diese den Klienten/Klientinnen vom sozialen Umfeld zugesprochenen inneren Ressourcen können dann in der rechten (»So wie es andere sehen«) Spalte auf dem Handout R1: *Was zeichnet mich aus* eingetragen werden.

Prinzipiell empfiehlt es sich, dass die Klienten/Klientinnen aktuelle innere Ressource anhand von Beispielen aus ihrem Alltag weiter konkretisiert (»*Wann waren Sie das letzte Mal [hilfsbereit; durchsetzungsfähig; kreativ]? Erzählen Sie mir dazu passende Geschichten aus Ihrem Leben*«). Im Folgenden (▶ Tab. 6) finden Sie einige Beispiele dafür:

Tab. 6: Konkrete Alltagsbeispiele für innere Ressourcen

Alltagssituation	Gegenwarts-Ressource
Ein älterer Mann mit Gehbehinderung hat mich gebeten, ihm beim Überqueren der Straße zu helfen. Selbstverständlich habe ich »ja« gesagt, obwohl ich in Eile gewesen bin.	hilfsbereit
Gestern wurde mir zu wenig Wechselgeld herausgegeben. Der Verkäufer hat zunächst abgewiegelt und gesagt, dass alles »korrekt« verlaufen sei. Ich habe aber darauf bestanden, dass der Vorgesetzte hinzugezogen wird. Der Kasseninhalt wurde überprüft und, da ich im Recht war, wurde mir die fehlende Summe ausgezahlt.	durchsetzungsfähig
Letzte Woche habe ich unerwartet Besuch bekommen. Da ich seit Tagen nicht mehr eingekauft hatte, musste ich kurz überlegen, um dann aus den wenigen noch im Kühlschrank vorhandenen Lebensmitteln ein wunderbares Menü zu »zaubern«.	kreativ

Hinweise für die Umsetzung im Gruppensetting:

- Jeder Klient/jede Klientin bekommt ein DIN A-4 Blatt, welches in der Mitte gefaltet wird, so dass eine Innen- und Außenseite entsteht.
- Auf der Innenseite soll der Klient/die Klientin (mindestens) drei gute Eigenschaften von sich aufschreiben, so dass diese nur verdeckt bzw. für ihn sichtbar sind.
- Danach soll jeder Klient/jede Klientin nacheinander eine bestimmte Anzahl von Gruppenmitgliedern bitten, ihm eine gute Eigenschaft *von sich* zu nennen. Damit das ganze zeitlich übersichtlich bleibt, empfiehlt sich die Anzahl der Kontakte zu beschränken, z. B. man frägt nur sechs von insgesamt zwölf Gruppen-Teilnehmern: »*Nenn mir bitte eine gute Eigenschaft von mir*«.
- Die so mitgeteilten/zugeschriebenen guten Eigenschaften (»*Nach meiner Meinung bist du* [hilfsbereit; neugierig; kreativ]«) werden dann vom Empfänger schriftlich auf der Außenseite des gefalteten DIN A-4 Blattes fixiert.
- Anschließend überlegt jeder Klient/jede Klientin, ob die ihm von den anderen Gruppenmitgliedern zugeschriebenen guten Eigenschaften auch zutreffen.

Falls die Klienten/Klientinnen eigenständig nur wenige bzw. (erst mal) gar keine guten Eigenschaften – Stärken – Kompetenzen – Talente nennen können, so kann man zur Unterstützung auf das Arbeitsblatt R2: *Meine inneren Ressourcen* zurückgreifen, auf dem sich eine Auswahl von inneren Ressourcen wiederfindet (►Tab. 7):

3.2 Der Ressourcen-Raum (KVT)

Tab. 7: Innere Ressourcen

Multitasking-fähig	liebevoll	fleißig
ideenreich	kontaktfreudig	beharrlich
flexibel	diszipliniert	ausdauernd
innovativ	unabhängig	redegewandt
wissbegierig	emotional	verantwortungsbewusst
neugierig	phantasievoll	selbstständig
bescheiden	gerechtigkeitsliebend	durchsetzungsstark
guter Ratgeber/gute Ratgeberin	hilfsbereit	sensibel
einfühlsam	ehrgeizig	reaktionsschnell
begeisterungsfähig	vielseitig interessiert	risikofreudig
geduldig	kreativ	eigenständig
auffassungsschnell	mutig	lebhaft
verspielt	fair	tapfer
leidenschaftlich	optimistisch	authentisch
kraftvoll	humorvoll	enthusiastisch

Vergangenheits-Ressourcen

Nachdem bislang auf die aktuellen inneren Ressourcen (= Gegenwarts-Ressourcen) des Klienten/der Klientin fokussiert wurde, soll nun besprochen werden, welche guten Eigenschaften – Stärken – Kompetenzen – Talente früher mal zur Verfügung standen (= Vergangenheits-Ressourcen), die sich aber im Laufe der Zeit verloren haben oder »vergessen« wurden. Vielleicht war man als Kind noch sehr verspielt, neugierig, kreativ, durchsetzungsfähig, geduldig, mutig, selbstbewusst, auffassungsschnell, ausdauernd, hilfsbereit und noch vieles mehr.

> **Denkaufgabe:**
> - Wo lagen damals meine Stärken?
> - Was hat mich ehemals ausgezeichnet?
> - Welche guten Eigenschaften, Fähigkeiten, Kompetenzen und Talente habe ich rückblickend gehabt?
> - Was habe ich früher (besonders) gut gekonnt?

Auch hier empfiehlt es sich, dass die Klienten/Klientinnen jede ihrer Vergangenheits-Ressourcen anhand persönlicher Erlebnisse/Beispiele erläutert (▶ Tab. 8):

Tab. 8: Vergangenheits-Ressourcen

Erinnerung	Vergangenheits-Ressourcen
Als Kind von ca. zehn Jahren konnte ich mich stundenlang mit dem Innenleben von mechanischen Uhren (Wecker) beschäftigen. Ich war ganz in diese Aufgabe versunken und wollte unbedingt wissen, wie das Ganze im Inneren funktioniert. Ich habe dann diese Wecker auseinander gebaut und, fast immer, wieder erfolgreich wieder zusammengesetzt.	neugierig, beharrlich

Diese von den Klienten/Klientinnen angegebenen Vergangenheits-Ressourcen können dann zu Dokumentations-Zwecken in die mittlere Spalte auf das Arbeitsblatt R2: Meine inneren Ressourcen eingetragen werden. Anschließend soll noch überlegt werden, welche dieser Vergangenheits-Ressourcen wieder »zum Leben erweckt« werden sollten (»*Ich würde mir wünschen, dass ich meine guten Eigenschaften aus der Vergangenheit reaktiviere, d. h. wieder mehr* [neugierig; verspielt; durchsetzungsfähig] *bin*«). In diesem Zusammenhang sollte auch über das *Warum* und *Wofür* gesprochen werden, d. h. die persönliche Motivation zur Reaktivierung dieser Vergangenheits-Ressource:

> **Denkaufgabe:**
>
> - Wofür wäre es gut, wenn Sie wieder mehr [neugierig; verspielt; durchsetzungsfähig] wären?
> - Was genau würde sich dadurch verändern?
> - Welche Auswirkung hätte das auf Ihre Befindlichkeit, Ihr Erleben, Ihr Verhalten, den Umgang mit anderen Menschen?

Entwicklungs-Ressourcen

In diesem Abschnitt soll nun der Fokus auf der Zukunft liegen, denn: manchmal stellt sich heraus, dass man einige gute Eigenschaften – Kompetenzen – Stärken und Talente nicht so gut ausgebildet bzw. entwickelt hat, wie es notwendig gewesen wäre. Deshalb soll mit den Klienten/Klientinnen besprochen werden, welche inneren Ressourcen er oder sie gerne in Zukunft entwickeln und/oder weiter ausbauen will (= Entwicklungs-Ressourcen) und wie er oder sie das erreichen möchte (▶ Tab. 9):

Auch hier sollte abschließend über das *Warum* und *Wofür* gesprochen werden, d. h. über die persönliche Motivation zur Erlernung/Aneignung der angegebenen Zukunfts-Ressource.

Tab. 9: Zukünftige Ressourcen

Welche inneren Ressourcen möchte ich in Zukunft (weiter) entwickeln?	Wie kann ich das erreichen?
geduldig	Indem ich mir Aufgaben suche, die nicht schnell gemacht sind, sondern einiges an Zeit benötigen.
durchsetzungsfähig	Indem ich nicht immer »klein beigebe«, sondern meinen Standpunkt (nochmal) darlege und meine Interessen vertrete.
kontaktfreudig	Indem ich einen Italienisch-Sprachkurs bei der Volkshochschule besuche; da lerne ich zum einen eine neue Sprache, muss dafür mit anderen Menschen sprechen und baue so nebenbei auch meine sozialen Kontakte weiter aus.

Innere Ressourcen im Alltag

Abschließend werden die Klienten/Klientinnen gebeten, bis zur nächsten Sitzung darauf zu achten, welche ihrer guten Eigenschaften, Fähigkeiten, Kompetenzen, Stärken und Talente ihnen im Alltag begegnen und diese auf dem Arbeitsblatt R3: *Meine innere Ressourcen im Alltag* zu dokumentieren (»*Bringen Sie Geschichten dazu mit*«).

> **Hausaufgaben bis zur nächsten Sitzung:**
>
> - Überarbeitung/Ergänzung der Gegenwarts-, Vergangenheits- und Zukunfts-Ressourcen
> - (Nach-)Bearbeitung der verschiedenen Arbeitsblätter
> - Bearbeitung des Arbeitsblatts Meine inneren Ressourcen im Alltag [R3]

3.2.2 Ablauf Sitzung 4

In der Sitzung 4 sollen zunächst die (guten) Erfahrungen der Klienten/Klientinnen bei der Umsetzung der »Hausaufgaben« aus Sitzung 3 besprochen werden. Des Weiteren sollen die einzelnen Themen der dritten Sitzung ergänzt und weiter vertieft werden, indem beispielsweise (nochmals) die Leitfragen aus Sitzung 3 diskutiert werden:

> **Denkaufgabe:**
>
> - Was zeichnet mich aus?
> - Wo liegen meine Stärken?

3 Das MentalHaus: Der kognitiv-verhaltenstherapeutische Zugang

- Was kann ich gut?
- Welche guten Eigenschaften, Fähigkeiten, Kompetenzen und Talente weise ich auf?
- Welche meiner inneren Ressourcen haben sich im Alltag gezeigt? Wie habe ich das bemerkt (= Gegenwarts-Ressourcen)?
- Welche meiner inneren Ressourcen möchte im reaktivieren (= Vergangenheits-Ressourcen)?
- Welche inneren Ressourcen möchte ich in Zukunft erlernen bzw. weiter ausbauen (= Zukunfts-Ressourcen)?

Der Klient/Die Klientin kann dann sein/ihr persönliches Fazit auf die oben genannten Fragen zusammenhängend in die drei Spalten auf dem Arbeitsblatt R4: *Meine inneren Ressourcen-Liste* eintragen.

Alternativ bzw. ergänzend dazu lassen sich die angegebenen inneren Ressourcen auch anschaulich in ein Körperumriss-Bild (▶ Abb. 1) einzeichnen. Dabei kann eine Unterscheidung in Vergangenheits- (links neben der Figur), Gegenwarts- (innerhalb der Figur) und Zukunfts-Ressourcen (rechts neben der Figur) erfolgen.

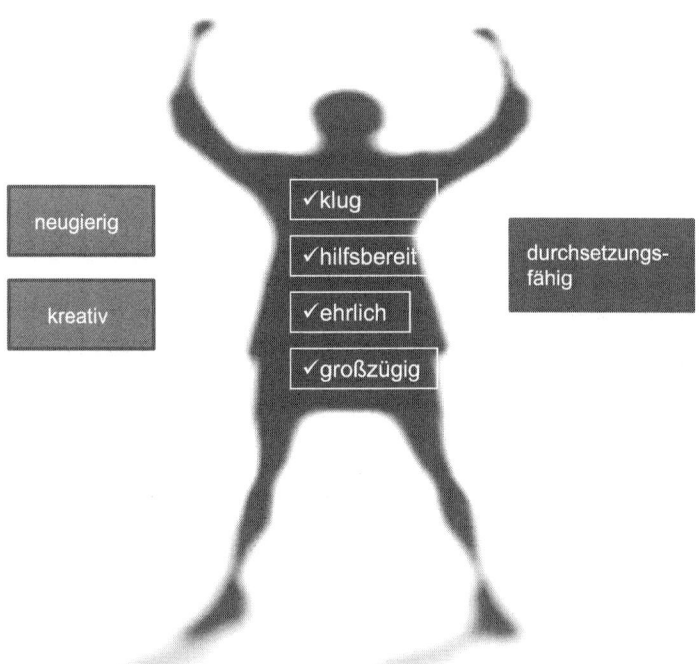

Abb. 1: Körperumriss-Schaubild »Meine inneren Ressourcen«

Dieses Körperumriss-Bild kann dann an einem gut sichtbaren Platz in der Lebensumgebung des Klienten/der Klientin angebracht werden, um sich öfters pro Tag seine/ihre guten Eigenschaften, Stärken, Kompetenzen, Talente zu vergegenwärtigen.

Meine Erfolgs-Timeline

Abschließend soll sich die Klienten/Klientinnen mit seinen/ihren persönlichen *Erfolgserlebnissen* beschäftigen, in Verbindung mit den dazu notwendigen inneren Ressourcen:

> **Denkaufgabe:**
>
> - Welche Probleme bzw. Anforderungen in meinem Leben habe ich bereits (wie) gelöst?
> - Welche persönlichen Ziele habe ich bereits erreicht?
> - Welche inneren Ressourcen habe ich dazu eingesetzt?

Konkret sollen die Klienten/Klientinnen den Zusammenhang zwischen einer gemeisterten Herausforderung *und* der dazu eingesetzten inneren Ressource (= Vergangenheits- *oder* Gegenwarts-Ressourcen) herstellen. Im Folgenden sehen Sie ein Beispiel für ein persönliches Erfolgserlebnis und die dazu passenden inneren Ressourcen (▶ Tab. 10):

Tab. 10: Erfolgserlebnis und innere Ressourcen

Erfolgserlebnis	Eingesetzte innere Ressourcen
Mittlere Reife	✓ fleißig ✓ geduldig ✓ ehrgeizig ✓ wissbegierig

Auf dem Arbeitsblatt R5: *Meine Erfolgs-Timeline* können die Erfolgserlebnisse und die dazu passenden inneren Ressourcen auf einer »Timeline« übersichtlich und kompakt eintragen werden (▶ Abb. 2).

3 Das MentalHaus: Der kognitiv-verhaltenstherapeutische Zugang

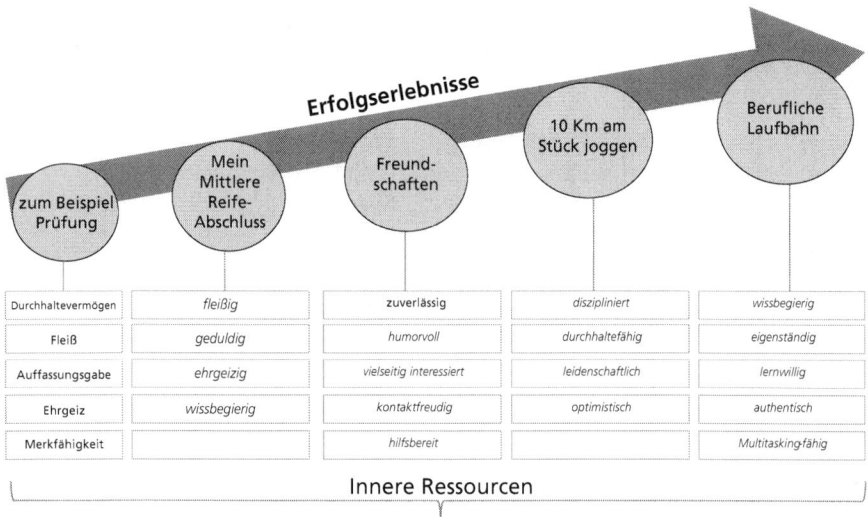

Abb. 2: Timeline Erfolgserlebnisse und Ressourcen

Hinweise für die Umsetzung im Gruppensetting:

- Jeder Klient/jede Klientin bekommt verschiedene DIN A-5 Karteikarten, auf die er/sie stichwortartig bedeutsame Erfolgserlebnisse (z. B. Berufsabschluss; sportliche Erfolge; Durchhalten eines Vorhabens) aus seinem/ihrem Leben eintragen soll.
- Auf weiteren DIN A-5 Karteikarten sollen die dazu passenden, eingesetzten inneren Ressourcen (z. B.: ausdauernd; neugierig; durchsetzungsfähig) notiert werden.
- Anschließend soll jeder Klient/jede Klientin ein Erfolg-Erlebnis im Plenum vorstellen, *ohne* dass die dazu eingesetzten inneren Ressourcen »verraten« werden.
- Diese sollen stattdessen von den anderen Gruppenteilnehmern genannt werden, anschließend werden diese zugesprochenen inneren Ressourcen mit den eigenen Aufzeichnungen verglichen.

Ausblick

Die Klienten/Klientinnen sollen auch in den nächsten Wochen auf (weitere) Erfolgserlebnisse achten, d. h. auf Situationen, bei denen sie (Alltags-)Schwierigkeiten bewältigt, Hindernisse überwunden, Probleme gelöst und Ziele erreicht hat. In diesem Zusammenhang sollte auch überlegt werden, welche der eigenen *inneren Ressourcen* sie dazu eingesetzt haben. Genauso wichtig ist es, dass man sich regelmäßig *all* seine guten Eigenschaften, Stärken, Kompetenzen und Talente bewusst zu machen, z. B. in dem man seine Liste und/oder das Körperumriss-Bild mit den inneren Ressourcen anschaut.

3.2.3 Arbeitsblätter Ressourcen-Raum

Das MentalHaus – Was zeichnet mich aus? [VT-R1]

Sie alle kennen den Spruch: »Man wächst an seinen Problemen«. Das stimmt nicht ganz, denn: Es ist wahrscheinlich noch niemand an seinen Problemen gewachsen. Zutreffender ist vielmehr:

✓ Man wächst an seinen Lösungen und mit seinen Lösungen.

Bitte überlegen Sie, welche Stärken und Kompetenzen Sie haben:

- Etwas, was Sie gut können
- Eine Stärke von Ihnen
- Eine Eigenschaft, die Sie an sich schätzen
- Etwas, was Sie oder andere an Ihnen mögen

Schreiben Sie bitte (mindestens) drei Ihrer guten oder liebenswerten *Eigenschaften* bzw. *Fähigkeiten* oder *Stärken* auf dieses Blatt Papier (→ linke Spalte)

Fragen Sie auch gute Bekannte/Freunde nach Ihren guten oder liebenswerten *Eigenschaften* bzw. *Fähigkeiten* oder *Stärken* und schreiben diese dann auf dieses Blatt Papier (→ rechte Spalte).

Aus *meiner* Sicht	So wie *andere* es sehen

Das MentalHaus – Meine inneren Ressourcen [VT-R2 a]

Meine guten Eigenschaften	Hatte ich früher mal Vergangenheits-Ressource	Habe ich bereits Gegenwarts-Ressource	Hätte ich gerne verstärkt Entwicklungs-Ressource
Multitasking-fähig			
ideenreich			
flexibel			
innovativ			
wissbegierig			
neugierig			
hilfsbereit			
guter Ratgeber/gute Ratgeberin			
einfühlsam			
begeisterungsfähig			
geduldig			
fleißig			
beharrlich			
ausdauernd			
redegewandt			
verantwortungsbewusst			
selbstständig			
durchsetzungsstark			
sensibel			
reaktionsschnell			
risikofreudig			
eigenständig			

3.2 Der Ressourcen-Raum (KVT)

Das MentalHaus – Meine inneren Ressourcen [VT-R2 b]

Meine guten Eigenschaften	Hatte ich früher mal Vergangenheits-Ressource	Habe ich bereits Gegenwarts-Ressource	Hätte ich gerne verstärkt Entwicklungs-Ressource
leidenschaftlich			
kontaktfreudig			
diszipliniert			
unabhängig			
emotional			
phantasievoll			
gerechtigkeitsliebend			
hilfsbereit			
ehrgeizig			
vielseitig interessiert			
kreativ			
mutig			
auffassungsschnell			

3 Das MentalHaus: Der kognitiv-verhaltenstherapeutische Zugang

Das MentalHaus – Meine inneren Ressourcen [VT-R2 c]

Meine guten Eigenschaften	Hatte ich früher mal Vergangenheits-Ressource	Habe ich bereits Gegenwarts-Ressource	Hätte ich gerne verstärkt Entwicklungs-Ressource

3.2 Der Ressourcen-Raum (KVT)

Das MentalHaus – Meine inneren Ressourcen im Alltag [VT-R3]

Bitte notieren Sie *Alltagssituationen*, bei denen sich Ihre *Stärken – Kompetenzen – gute Eigenschaften – Talente* (= innere Ressourcen) bemerkbar machen.

Alltagssituation	Innere Ressourcen

Das MentalHaus – Meine inneren Ressourcen-Liste [VT-R4]

Bitte tragen Sie Ihre Ressourcen in die entsprechen Spalten ein.

Gegenwarts-Ressource	Vergangenheits-Ressource	Entwicklungs-Ressource

3 Das MentalHaus: Der kognitiv-verhaltenstherapeutische Zugang

Gegenwarts-Ressource	Vergangenheits-Ressource	Entwicklungs-Ressource

Das MentalHaus – Meine Erfolgs-Timeline [VT-R5]

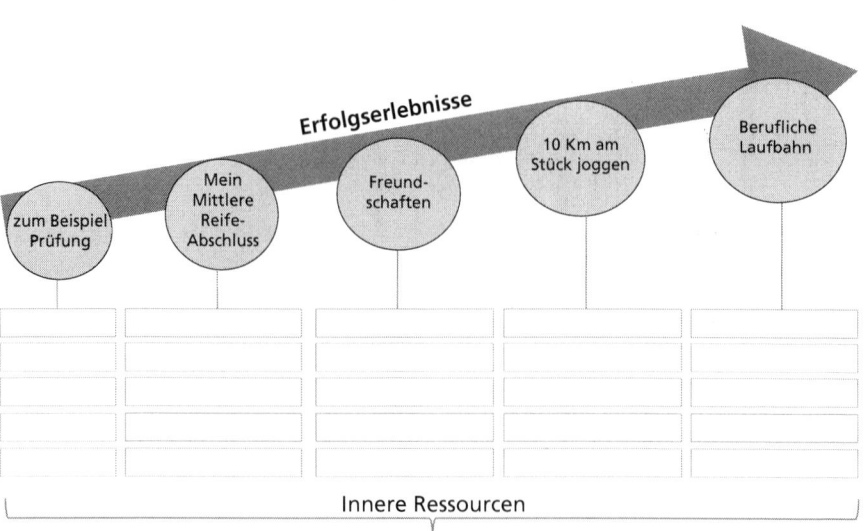

3.3 Der Beratungs-Raum (KVT)

Ziele

In den Sitzungen zum Thema *Beratungs-Raum* soll besprochen werden, was eine kompetente Beratung ausmacht und welche hilfreichen Eigenschaften und Verhaltensweisen ein Berater aufweisen sollte. Des Weiteren soll darüber nachgedacht werden, wie man sich selbst ein »guter« Berater sein kann, um sich wirksam bei der Bewältigung von Problemen/Herausforderungen zu unterstützen.

Einleitung

> Der Begriff: »Beratung« bezeichnet einen Vorgang, bei der ein Berater dem Betroffenen eine Unterstützung für das Lösen von Problemen anbietet, zum Zwecke der Leid-Reduzierung und/oder Problem-Lösung.

Eine adäquate (Selbst-)Beratung bildet die Basis zur Lösung von alltäglichen Problemen sowie zu einer dauerhaften Änderung auf einer Einstellungs- sowie Verhaltensebene.

Mittels des Beratungs-Raums soll ein Ort geschaffen werden, an dem man aus einer Beobachterperspektive wohlwollend und wertschätzend auf sich selbst schaut, um – mit Unterstützung seines »Inneren Beraters« – über die Lösung von Problemen/Herausforderungen nachzudenken.

Übersicht der Arbeitsblätter

Arbeitsblätter Sitzung 5:

- Beispiele für gute Beratungen [VT-B1]
- Gute Beraterkompetenzen [VT-B2 a, b, c]

Arbeitsblätter Sitzung 6:

- Fazit: Meine guten Beraterkompetenzen [VT-B3]
- Was eine gute Selbstberatung ausmacht [VT-B4]
- Selbstunterstützende Sätze [VT-B5]
- Selbstunterstützende Sätze und Repräsentationssysteme (V-A-K-O-G) [VT-B6]

3.3.1 Ablauf Sitzung 5

Um einen Einstieg in das Thema zu wählen, können folgende Leitfragen besprochen werden:

Denkaufgabe:

- Was bedeutet der Begriff »Beratung«?
- In welchen Situationen/bei welchen Anlässen braucht man eine (gute) Beratung?
- Was zeichnet eine gute Beratung aus?
- Welches sind die Ziele einer guten Beratung?

Beispiele für gute Beratungen

Um das Ganze zu personalisieren, soll der Klient/die Klientin im Anschluss bereits erlebte Beispiele für eine »gute Beratung« wiedergeben, wobei folgende Fragen zur Strukturierung eingesetzt werden können: »*Wo fand die Beratung statt (Privat/ Beruflich)? Um was ging es? Was kam dabei heraus? Was genau hat geholfen?*«. Die genannten Beispiele können dann übersichtlich in dem Handout B1: *Beispiele für gute Beratungen* eingetragen werden (▶ Tab. 11):

Tab. 11: Beispiele für gute Beratungen.

Wo fand die Beratung statt?	Um was ging es?	Was kam dabei heraus?	Was genau hat geholfen?
Bitte beschreiben Sie eine typische berufliche (B) oder private Beratungssituation (P)	Bitte beschreiben Sie den Anlass oder Grund für die Beratung	Welches gute Ergebnis wurde bei der Beratung erzielt?	Welche gute eigene Beratungskompetenzen kamen zum Tragen/wurden eingesetzt?
[B] Ich habe einen professionellen Coach aufgesucht, d. h. die Beratung fand in dessen Praxisräumen statt.	Ich stand vor der Entscheidung, ob ich weiter angestellt bleibe oder mich lieber selbstständig machen soll.	Es wurde eine für mich »perfekte« Lösung bzw. ein perfekter Kompromiss gewählt: Ich bleibe zunächst noch in meiner Firma beschäftigt und arbeite nebenberuflich selbstständig. Damit kann ich zum einen sehen, ob mir das liegt und zum anderen habe ich eine Sicherheit durch mein regelmäßiges Gehalt als Angestellter.	Der Coach hat nicht seine Meinung geäußert, sondern in erster Linie mir genau zugehört und dann (passende) Fragen zu meinen Beweggründen und Zielen gestellt. Darüber hinaus hat mich der Coach auch nach meinen Stärken sowie Visionen und möglichen Unterstützern gefragt. Gute Beratungskompetenzen: • objektiv • empathisch • zuhörend • nicht wertend • identifiziert Stärken • erarbeitet Ziele

3.3 Der Beratungs-Raum (KVT)

Bei der Umsetzung dieser Aufgabe sollte darauf geachtet werden, dass auch Erlebnisse wiedergegeben und besprochen werden, bei denen die Klienten/Klientinnen *selbst* die Berater-Funktion (für andere) wahrgenommen hat.

Meine guten Beraterkompetenzen

Im nächsten Schritt soll mit dem Klienten/der Klientin nun darüber gesprochen werden, welche Kompetenzen ein »guter Berater/eine gute Beraterin« aufweisen sollte:

> **Denkaufgabe:**
> - Welche Einstellungen weist ein guter Berater/eine gute Beraterin auf?
> - Welche Eigenschaften hat ein guter Berater/eine gute Beraterin?
> - Wie verhält sich ein guter Berater/eine gute Beraterin?
> - Was fragt/sagt ein guter Berater/eine gute Beraterin?
> - Welches sind die Ziele eines guten Beraters/einer guten Beraterin?
> - Welche Beratungs-Kompetenzen sollte ein guter Berater/eine gute Beraterin aufweisen?

Im Anschluss daran gilt es, diese Angaben zu personalisieren, d. h. die Klienten/Klientinnen sollen ihre *eigenen* »guten« Beraterkompetenzen identifizieren. Falls die Klienten/Klientinnen eigenständig nur wenige bzw. (erst mal) gar keine ihrer guten Berater-Eigenschaften nennen können, so kann man zur Unterstützung auf das Handout B2: *Gute Beraterkompetenzen* zurückgreifen, auf dem sich eine Auswahl von entsprechenden Eigenschaften und Verhaltensweisen wiederfindet. Des Weiteren soll darüber nachgedacht werden, welche Kompetenzen man noch (wie) ausbauen bzw. überhaupt erst entwickeln sollte, um ein guter Berater/eine gute Beraterin zu sein.

Die identifizierten eigenen guten Beraterkompetenzen können dann zur Dokumentation in der linken (»Habe ich bereits«) sowie rechten (»Hätte ich gerne«) Spalte auf dem Handout B2: *Gute Beraterkompetenzen* eingetragen werden (▶ Tab. 12).

Tab. 12: Persönliche gute Beraterkompetenzen

Meine guten Beraterkompetenzen	Habe ich bereits	Hätte ich gerne
gut zuhören können		
Verständnis habend		
mag Menschen		
wohlwollend		
vertrauenswürdig		

Tab. 12: Persönliche gute Beraterkompetenzen – Fortsetzung

Meine guten Beraterkompetenzen	Habe ich bereits	Hätte ich gerne
warmherzig		
gerecht		
ideenreich		
kreativ		
geduldig		✓ (... mehr davon)
Multitasking-fähig		
unterstützend		
schnelle Auffassungsgabe		

Die Klienten/Klientinnen sollen auch bis zur nächsten Sitzung darüber nachdenken, ob Sie bei sich weitere gute Beraterkompetenzen identifizieren können, z. B. indem gute Freunde/Bekannte zu diesem Thema befragt werden. Diese neu hinzugekommenen guten Beraterkompetenzen können dann ebenfalls in der entsprechenden linken (*»Habe ich bereits«*) oder rechten (*»Hätte ich gerne«*) Spalte auf dem Handout *B2: Gute Beraterkompetenzen* eingetragen werden.

Hinweise für die Umsetzung im Gruppensetting:

- Jeder Klient/jede Klientin bekommt verschiedene DIN A-5 Karteikarten, um darauf gute Beraterkompetenzen einzutragen.
- Pro DIN A-5 Karteikarte wird stichwortartig *eine* gute Beraterkompetenzen (z. B.: »warmherzig; schnelle Auffassungsgabe; kreativ«) eingetragen.
- Jeder Klient/jede Klientin stellt dann die personalisierte Auswahl an guten Beratungs-Kompetenzen im Plenum vor und illustriert diese nach Möglichkeit anhand von eigenen Beispielen/Erlebnissen.
- Darauf anschließend soll jeder Klient/jede Klientin noch sein/ihr persönliches Kompetenz-Profil erstellen, indem er oder sie seine oder ihre guten Beratungs-Kompetenzen auflistet, wobei die restlichen Gruppenmitglieder diese Auflistung ergänzen können.

Hausaufgaben bis zur nächsten Sitzung:

- Überarbeitung/Ergänzung der guten Beraterkompetenzen
- (Nach-)Bearbeitung der verschiedenen Handouts

3.3.2 Ablauf Sitzung 6

In der Sitzung 6 sollen zunächst die (guten) Erfahrungen der Klienten/Klientinnen bei der Umsetzung der »Hausaufgaben« aus der vorherigen Sitzung besprochen werden. Des Weiteren werden die einzelnen Themen der vorherigen Sitzung ergänzt und weiter vertieft, indem beispielsweise (nochmals) die Leitfragen aus Sitzung 5 aufgegriffen werden:

> **Denkaufgabe:**
>
> - Was bedeutet der Begriff »Beratung«?
> - In welchen Situationen/Bei welchen Anlässen braucht man eine (gute) Beratung?
> - Was zeichnet eine gute Beratung aus?
> - Welches sind die Ziele einer guten Beratung?
> - Welche Einstellungen weist ein guter Berater/eine gute Beraterin auf?
> - Welche Eigenschaften hat ein guter Berater/eine gute Beraterin?
> - Wie verhält sich ein guter Berater/eine gute Beraterin?
> - Was fragt/sagt ein guter Berater/eine gute Beraterin?
> - Welches sind die Ziele eines guten Beraters/einer guten Beraterin?
> - Welche Beratungs-Kompetenzen sollte ein guter Berater/eine gute Beraterin aufweisen?
> - Welche guten Beratungs-Erfahrungen habe ich schon gemacht? [Beide Perspektiven besprechen; dabei sollten insbesondere aktuelle Beratungs-Situationen berücksichtigt werden.]

Fazit: Meine guten Beraterkompetenzen

Abschließend sollen die Klienten/Klientinnen nochmals auf ihre bereits vorhandenen sowie zukünftigen/noch zu entwickelnden Beraterkompetenzen fokussieren, z. B. mittels der folgenden Fragen:

> **Denkaufgabe:**
>
> - Welches sind meine guten Beraterkompetenzen?
> - Welche guten Beraterkompetenzen möchte ich weiter ausbauen bzw. neu entwickeln?

Diese beratungsbezogenen Fähigkeiten und Fertigkeiten können dann von den Klienten/Klientinnen kompakt und übersichtlich in die entsprechenden Felder auf dem Handout B3: *Meine guten Beraterkompetenzen* eingetragen werden.

Was macht eine gute Selbst-Beratung aus?

Nun gilt es den Blick (noch mehr) auf sich selbst zu richten und zu besprechen, wie man sich *selbst* ein guter (i.S. von unterstützender, wertschätzender) Berater/ Beraterin sein kann:

> **Denkaufgabe:**
>
> - Worauf ist zu achten bei einer guten Selbstberatung?
> - Was macht eine gute Selbstberatung aus?
> - Wie soll sich »mein innerer Berater/meine innere Beraterin« verhalten?
> - Wie soll »mein innerer Berater/meine innere Beraterin« mit mir umgehen?

Die so gefunden Prinzipien einer guten Selbstberatung können dann zur Erinnerung auf dem Handout B4: *Was eine gute Selbstberatung ausmacht* dokumentiert werden.

Um »den inneren Berater/die innere Beraterin« plastischer zu gestalten, können die Klienten/Klientinnen gebeten werden, diese/n als Person mit Aussehen, typischen Einstellungen, Überzeugungen, Redewendungen und Verhaltensweisen zu beschreiben oder zu zeichnen. Folgende Fragen können dabei helfen, den/die eigene/n »Inneren Berater/Innere Beraterin« lebendig(er) werden zu lassen:

> **Denkaufgabe:**
>
> - Wie sieht »mein innerer Berater/meine innere Beraterin« aus?
> - Wie kleidet sich »mein innerer Berater/meine innere Beraterin«?
> - Welche Einstellungen zu Problemen/Herausforderungen/Aufgaben hat »mein innerer Berater/meine innere Beraterin«?
> - Was sagt mir »mein innerer Berater/meine innere Beraterin«, wenn es hart auf hart kommt?
> - Wie motiviert mich »mein innerer Berater/meine innere Beraterin«?
> - Auf welche Art und Weise lobt mich »mein innerer Berater/meine innere Beraterin«?

> **Hinweise für die Umsetzung im Gruppensetting:**
>
> - Reihum soll jeder Klient/jede Klientin den folgenden Satz zum eigenen »Inneren Berater« zu Ende sprechen, z. B.: »*Immer, wenn es hart auf hart kommt, sagt mir mein innerer Berater/meine innere Beraterin …*«
> - Diese Übung sollte solange durchgeführt werden, bis alle Klienten/Klientinnen eine klare Vorstellung ihres »Inneren Beraters« entwickeln konnten.

Die Wertschätzung und Zuversicht-Strategie

Sich wertzuschätzen und mit Zuversicht in die Zukunft zu schauen sind sicherlich zwei unabkömmliche Zutaten einer guten, motivierenden Selbst-Beratung. Denn nur im Glauben an sich selbst (z. B.: »*Ich bin gut so wie ich bin*«) und mit Hoffnung auf Erfolg (z. B.: »*Alles wird gut*«) lassen sich Probleme oder Herausforderungen bedenken, anpacken und zu einem guten Ende bringen.

Im Folgenden finden sich einige hilfreiche Formulierungen bzw. Sätze, die man sich selbst zur »mentalen« Unterstützung sagen kann, ganz so, als würde ein guter (innerer) Berater/eine gute innere Beraterin wertschätzend und Zuversicht gebend zu einem sprechen (▶ Tab. 13):

Tab. 13: Wertschätzende und Zuversicht gebende Sätze

Wertschätzende Sätze	Zuversicht gebende Sätze
✓ Ich darf sein wie ich bin ✓ Ich bin gut so wie ich bin ✓ Ich bin da für mich ✓ Ich pass auf mich auf ✓ Ich stehe für mich ein ✓ Ich vertraue auf meine innere Stärke ✓ Ich achte und respektiere mich ✓ Ich bin liebenswert	✓ Ich kann das ✓ Ich schaffe das ✓ Alles wird gut ✓ Ich liebe Herausforderungen ✓ Ich finde einen Weg ✓ Alles kommt zu mir im richtigen Augenblick ✓ In der Ruhe liegt die Kraft ✓ Das wird schon (wieder)

Der Klient/die Klientin wird nun gebeten, sich einen passenden Satz aus dem Bereich Wertschätzung (linkes Kästchen) sowie Zuversicht (rechtes Kästchen) von dem Handout B5: *Selbstunterstützende Sätze* auszusuchen und sich diesen in Zukunft regelmäßig (min. 1x pro Tag) zu sich selbst zu sagen – ganz so, als würde der Innere Berater/die gute innere Beraterin auf unterstützende, Zuversicht gebende sowie wertschätzende Art und Weise zu einem sprechen. Diese Übung kann noch zusätzlich in ihrer Wirkung verstärkt werden, indem man beim Aussprechen der Sätze die Augen schließt und dazu eine Hand in die Herzgegend und die andere Hand auf die Bauchregion legt.

Die Wirkung dieser persönlichen selbstunterstützenden Sätze kann noch weiter verstärkt werden, indem man sie mit Triggern aus seinem dominanten Repräsentationssystem (V-A-K-O-G) verbindet. Eine Anleitung dazu findet sich auf dem Handout B6: *Selbstunterstützende Sätze und Repräsentationssysteme (V-A-K-O-G)* (▶ Tab. 14).

3 Das MentalHaus: Der kognitiv-verhaltenstherapeutische Zugang

Tab. 14: Selbstunterstützende Sätze und Repräsentationssysteme (V-A-K-O-G)

Visuell	Auditiv	Kinästhetisch	Olfaktorisch	Gustatorisch
Bsp. »*Ich vertraue auf meine innere Stärke*« sagen/denken in Kombination mit einem »Kraftbild« (z. B. Postkarte mit inspirierender Landschaft)	Bsp. »*Ich kann das!*« sagen/denken in Kombination mit einem motivierenden »Kraft-Lied«	Bsp. »*Ich schaff das!*« sagen/denken in Kombination mit einer »Faust ballen«-Bewegung	Bsp. »*Alles wird gut*« sagen/denken, in Kombination mit einem »Lieblings-Geruch« (z. B. Räucherstäbchen, Duftkerze, …)	Bsp. »*Ich darf so sein wie ich bin*« sagen/denken in Kombination mit einem »Lieblings-Geschmack« (z. B. Bonbon im Mund)

Ausblick

Der Klient/die Klientin soll auch in den nächsten Wochen auf (weitere) Erlebnisse achten, bei denen man sich selbst gut beraten hat oder auch anderen beratend hilfreich zur Seite gestanden ist. In diesem Zusammenhang sollte auch überlegt werden, welcher der eigenen guten Beraterkompetenzen zum Einsatz gekommen sind. Des Weiteren sollte darauf geachtet werden, dass man sich (bzw. der Innere Berater/die Innere Beraterin einem) wertschätzend und unterstützend zur Seite steht, z. B. indem man sich regelmäßig »seine« selbstunterstützenden Sätze vorsagt.

3.3.3 Arbeitsblätter Beratungs-Raum

Das MentalHaus – Beispiele für gute Beratungen [VT-B1]

Wo fand die Beratung statt? Bitte beschreiben Sie eine typische berufliche oder private Beratungssituation	Um was ging es? Bitte beschreiben Sie den Anlass oder Grund für die Beratung	Was kam heraus? Welches *gute* Ergebnis wurde bei der Beratung erzielt?	Was genau hat geholfen? Welche *guten* eigene Beratungskompetenzen kamen zum Tragen/wurden eingesetzt?

3.3 Der Beratungs-Raum (KVT)

Wo fand die Beratung statt? Bitte beschreiben Sie eine typische berufliche oder private Beratungssituation	Um was ging es? Bitte beschreiben Sie den Anlass oder Grund für die Beratung	Was kam heraus? Welches *gute* Ergebnis wurde bei der Beratung erzielt?	Was genau hat geholfen? Welche *guten* eigene Beratungskompetenzen kamen zum Tragen/wurden eingesetzt?

Das MentalHaus – Gute Beraterkompetenzen (Beruflich/Privat) [VT-B2 a]

Meine guten Beraterkompetenzen	Habe ich bereits	Hätte ich gerne
innovativ		
ideenreich/kreativ/phantasievoll		
überzeugend		
analytische Denkweise		
detailorientiert		
eloquent		
kongruent (Echtheit)		
authentisch		
neutral/objektiv		
selbstbewusstes Auftreten		
zur Empathie fähig		
konfliktfähig		
entschlussfreudig		
effizient		

3 Das MentalHaus: Der kognitiv-verhaltenstherapeutische Zugang

Meine guten Beraterkompetenzen	Habe ich bereits	Hätte ich gerne
humorvoll		
optimistisch		
selbstständig/eigenständig/unabhängig		
durchsetzungsfähig		
sensibel		
ehrgeizig		
sympathisch		
experimentierfreudig		
kommunikationsfähig		
ergebnisorientiert		

Das MentalHaus – Gute Beraterkompetenzen (Beruflich/Privat) [VT-B2 b]

Meine guten Beraterkompetenzen	Habe ich bereits	Hätte ich gerne
gut zuhören können		
Verständnis zeigen		
warmherzig		
gerecht		
zielbewusst		
facettenreich		
geduldig		
lernfähig		
guter Ratgeber/gute Ratgeberin		
schnelle Auffassungsgabe		
einfühlsam		
wissbegierig		
neugierig		
ausdauernd		
tolerant		

3.3 Der Beratungs-Raum (KVT)

Meine guten Beraterkompetenzen	Habe ich bereits	Hätte ich gerne
flexibel		
überzeugend		
vertrauenswürdig		
vielfältig		
kompromissbereit		
entschlossen		
engagiert		
inspirierend		
ressourcenorientiert		

Das MentalHaus – Gute Beraterkompetenzen (Beruflich/Privat) [VT-B2 c]

Meine guten Beraterkompetenzen	Habe ich bereits	Hätte ich gerne

3 Das MentalHaus: Der kognitiv-verhaltenstherapeutische Zugang

Meine guten Beraterkompetenzen	Habe ich bereits	Hätte ich gerne

Das MentalHaus – Fazit: Meine guten Beraterkompetenzen [VT-B3]

Habe ich bereits

Hätte ich gerne

Das MentalHaus – Was eine gute Selbstberatung ausmacht [VT-B4]

Mein innerer Berater soll…

mich loben
mich in schwierigen Zeiten unterstützen
mir mit Rat und Tat zur Seite stehen
mich an meine Stärken erinnern
mich an frühere Erfolge erinnern
mich daran erinnern, dass es wichtig ist, durchzuhalten
mir Mut machen
an mich glauben
mir sagen, dass ich es schaffe
darauf achten, dass ich liebevoll mit mir umgehe
darauf achten, dass ich unterstützend mit mir umgehe
auf Bewährtes aufmerksam machen
neue Wege mit mir gehen

Das MentalHaus – Selbstunterstützende Sätze [VT-B5]

Beispiele für Selbstunterstützende Sätze:

Bereich Selbstakzeptanz	Bereich Zielerreichung
• Ich darf sein wie ich bin	• Ich kann das
• Ich bin gut so wie ich bin	• Ich schaffe das
• Ich bin da für mich	• Alles wird gut
• Ich pass auf mich auf	• Ich liebe Herausforderungen
• Ich stehe für mich ein	• Ich finde einen Weg

3 Das MentalHaus: Der kognitiv-verhaltenstherapeutische Zugang

Bereich Selbstakzeptanz	Bereich Zielerreichung
• Ich vertraue auf meine innere Stärke • Ich achte und respektiere mich • Ich bin liebenswert	• Alles kommt zu mir im richtigen Augenblick • In der Ruhe liegt die Kraft

Bitte schreiben Sie hier Ihre persönlichen selbstunterstützenden Sätze für den Bereich *Selbstakzeptanz* auf:

Bitte schreiben Sie hier Ihre persönlichen Selbstunterstützenden Sätze für den Bereich *Zielerreichung* auf:

Das MentalHaus – Selbstunterstützende Sätze und Repräsentationssysteme (V-A-K-O-G) [VT-B6]

Selbstunterstützende Sätze können (noch) nachhaltiger ihre Wirkung entfalten, wenn diese mit weiteren Sinneseindrücken kombiniert werden:

Visuell	Auditiv	Kinästhetisch	Olfaktorisch	Gustatorisch
Bsp. »*Ich vertraue auf meine innere Stärke*« sagen/denken in Kombination mit einem »Kraftbild« (z. B. Postkarte mit inspirierender Landschaft)	Bsp. »*Ich kann das!*« sagen/denken in Kombination mit einem motivierenden »Kraftlied«	Bsp. »*Ich schaff das!*« sagen/denken in Kombination mit einer »Faust ballen«-Bewegung	Bsp. »*Alles wird gut*« sagen/denken, in Kombination mit einem »Lieblingsgeruch« (z. B. Räucherstäbchen, Duftkerze, …)	Bsp. »*Ich darf so sein wie ich bin*« sagen/denken in Kombination mit einem »Lieblingsgeschmack« (z. B. Bonbon im Mund)

3.4 Der Visions-Raum (KVT)

Ziele

In den Sitzungen zum Thema *Visions-Raum* soll besprochen werden, auf welche Art und Weise man zukünftig leben möchte. Des Weiteren soll darüber nachgedacht werden, wie sich diese gute Vorstellung vom (zukünftigen) Leben realisieren lässt.

Einleitung

> Eine Vision ist eine motivierende, positiv formulierte Vorstellung eines Zustands, den man erreichen will. Eine Vision bietet Orientierung und stellt gleichzeitig ein Ziel, auf das hingearbeitet werden kann.

Eine adäquate persönliche Vision erhöht die Bereitschaft und den Willen zur Veränderung bestehender Zustände.

> Mittels des Visions-Raums soll ein Ort geschaffen werden, an dem man aus der Gegenwarts-Perspektive heraus ein wünschenswertes und realistisches Bild von seiner Zukunft entwerfen kann.

Übersicht der Arbeitsblätter

Arbeitsblätter Sitzung 7:

- Back in Time [VT-V1]
- Werte [VT-V2]
- Was ist mir wichtig? Meine Werte [VT-V3]
- Lebensbereiche und persönlichen Werte [VT-V4]

Arbeitsblätter Sitzung 8:

- Meine Zukunfts-Vision [VT-V5]

3.4.1 Ablauf Sitzung 7

Um einen Einstieg in das Thema zu wählen, können folgende Leitfragen besprochen werden:

Denkaufgabe:

- Was ist (m)eine Vision?
- Wie möchte ich leben? Wenn Zeit und Geld keine Rolle spielen, wie möchte ich dann leben? Was ist mein Lebenstraum?
- Wenn ich einen Zauberstab hätte, was würde ich dann nachhaltig an meinem Leben verändern wollen?
- Was würde ich gerne tun (auch wenn ich dabei scheitern würde)?
- Was brauche ich, um gut und glücklich zu leben?
- Welches sind meine Lebensziele?
- Was ist mir wichtig in meinem Leben?
- Was gibt meinem Leben einen Sinn?
- Was ist meine Berufung?
- Wie möchte ich sein?
- Was möchte ich in diesem Leben (noch) gerne erreichen?
- Welche Spuren möchte ich als Vermächtnis hinterlassen?

Back in Time

Visionen sind selbstverständlich nicht »in Stein gemeißelt«, sondern verändern sich im Laufe des Lebens. Deshalb kann es sinnvoll sein, sich zunächst mit der Entwicklung/Veränderung seiner Visionen über die verschiedenen Altersstufen hinweg zu beschäftigen, bevor dann wieder der Blick nach vorne in die eigene erwünschte Zukunft gerichtet wird.

Der Klient/die Klientin soll sich deshalb daran erinnern bzw. darüber nachdenken, welche Vorstellung von einem »guten, sinnvollem Leben« in der Kindheit/Jugend/ Junges Erwachsen-Sein/ [+ weitere Lebens-Phasen in Abhängigkeit des Alters] entwickelt wurden bzw. vorgeherrscht haben, z. B. anhand der folgenden Leitfragen.

Denkaufgabe:

- Was habe ich damals gerne getan (z. B. Spielen, Lesen, Tanzen, Sport, ...)?
- Mit wem war ich damals gerne zusammen (aus welchem Grund)?
- Über was habe ich damals gerne nachgedacht – gesprochen (mit wem)?
- Wobei verging die Zeit immer ganz schnell?
- Worauf habe ich mich schon am Morgen gefreut?
- Welche Überzeugungen hatte ich damals?
- Nach welchen Grundsätzen habe ich damals mein Leben ausgerichtet?
- Am glücklichsten zu jener Zeit war ich, wenn ...
- Mein Lebensmotto zu jener Zeit war: ...

Die Antworten des Klienten/der Klientin können dann übersichtlich in dem Arbeitsblatt VT-V1: *Back in Time* eingetragen werden (▶ Tab. 15):

Tab. 15: Vorstellungen vom »guten« Leben in der Rückschau

Alter	Tätigkeiten, Interessen, Überzeugungen, Grundsätze	Am glücklichsten war ich	Lebensmotto
Kindheit	Habe leidenschaftlich gerne geturnt; habe alle meine Spielzeuge auseinandergebaut, weil ich wissen wollte, wie diese funktionieren.	…wenn ich mit unserem Hund in der Hängematte gekuschelt habe.	Gib jedem Tag die Chance, der schönste in Deinem Leben zu werden!
Jugend	Meine Bewegungsfreude blieb erhalten, allerdings in Form von Tanzen; habe mich ausführlich mit meinen Freunden über den Sinn des Lebens unterhalten, wir wollten alles anders machen als die »Erwachsenen«.	…wenn ich mit meinen Freunden zusammen war und wir »unsere« Musik gehört haben, diskutiert und miteinander getanzt haben.	Ich bin garantiert nicht auf der Welt, um so zu sein, wie es anderen in den Kram passt!
Junges Erwachsen-Sein (19 LJ bis heute)	Lebe meine Leidenschaft weiter aus und studiere Sport und Philosophie. Ich liebe es, neue Bewegungsformen zu erkunden/zu lernen und nächtelang mit Freunden über ein gerechteres soziales Zusammenleben zu diskutieren.	…wenn ich mit meinen Kumpels nächtelang über den Sinn des Lebens diskutiere.	Du bist Deines Glückes Schmied! [Gib jedem Tag die Chance, der schönste in Deinem Leben zu werden!]

Selbstverständlich können bei Bedarf auch weitere bzw. genauere Alterseinteilungen gewählt werden (z. B.: *Mit fünf Jahren; Mit zehn Jahren; mit 15 Jahren; Mit 20 Jahren* usw.).

Bei einer weiterführenden Betrachtung der »Back in Time«-Auflistung kann dann sowohl auf *Kontinuitäten* (»*Welche Vorlieben, Tätigkeiten, Überzeugungen, Grundsätze, Lebensmottos haben sich bis heute erhalten?*«), wie auch Veränderungen in den oben genannten Bereichen eingegangen werden (»*Was genau hat sich wann/wodurch/weshalb verändert?*«). Selbstverständlich sollte bei Bedarf darüber nachgedacht werden, welche Vorlieben, Tätigkeiten, Überzeugungen, Grundsätze, Lebensmottos reaktiviert bzw. in Zukunft »neu gelebt« werden sollten.

> **Hinweise für die Umsetzung im Gruppensetting:**
>
> - Jeder Klient/jede Klientin bekommt eine bestimmte Anzahl von Blättern in der Größe DIN-A4 (oder größer) sowie eine Auswahl an verschiedenfarbigen Stiften.
> - Auf jeweils einem Blatt soll dann auf prägnante Art und Weise ein bestimmter Lebensabschnitt (z. B. Kindheit/Jugend/Junges Erwachsen-Sein) oder Alter (z. B. mit fünf Jahren/mit zehn Jahren/mit 15 Jahren) bildlich dargestellt werden (»*Malen Sie etwas, was Sie in der damaligen Zeit treffend und prägnant charakterisiert*«).
> - Diese bildliche Darstellung kann durch das Hinzufügen des damals vorherrschenden Lebensmottos ergänzt werden.
> - Jeder Klient/jede Klientin stellt dann seine Zeichnung im Plenum vor und ergänzt diese bildhafte Darstellung bei Bedarf mit weiteren Anekdoten/Erlebnissen sowie Informationen zu Vorlieben, Tätigkeiten, Überzeugungen, Werten, Lebensmottos, die in der damaligen Zeit vorgeherrscht haben.

Meine Werte

Jeder Mensch hat ein individuelles Wertesystem, das wesentlich seine Identität mitprägt und das großen Einfluss darauf hat, wie man sein Leben gestaltet, mit Menschen umgeht und welche Ziele man anstrebt. Das Handeln gemäß den (individuellen) Werten hat großen Einfluss auf das persönliche Wohlbefinden und trägt maßgeblich zu dem Lebensgefühl bei, im Einklang mit sich selbst zu sein.

Selbstverständlich müssen auch Visionen (i. S. der Zukunft gerichteten Vorstellung von einem guten sinnvollen Leben) wertekonform sein, damit sie als »stimmig« angesehen und damit auch in die Realität umgesetzt werden.

Deshalb soll nun, nach diesem Blick in die Vergangenheit, der Fokus wieder auf das Hier und Jetzt gerichtet werden, indem der Klient sich mit seinen persönlichen Wertvorstellungen beschäftigt.

> **Denkaufgabe:**
>
> - Was ist mir wichtig im Leben (Familie, Freunde, Beruf, Freizeit)?
> - Was ist mir wichtig im Umgang mit mir selbst, mit anderen, in der Familie, im Beruf?
> - Was sind meine Kraftquellen, woraus beziehe ich meine Kraft?
> - Auf was lege ich Wert?
> - Was treibt mich an?
> - Nach welchen Wertvorstellungen richte ich mein Leben aus?
> - Welche Werte sind mir wichtig?
> - Nach welchen Werten möchte ich mein Handeln ausrichten?

3.4 Der Visions-Raum (KVT)

Es empfiehlt sich, Zettel oder Karteikarten bereit zu halten, auf die der Klient/die Klientin seine/ihre persönlichen Werte notieren kann.

Falls der Klient/die Klientin eine Unterstützung bei der *Auswahl* bzw. Identifikation von Werten benötigt, so kann man zur Unterstützung auf das Handout VT-V2: *Werte* zurückgreifen (► Tab. 16):

Tab. 16: Persönliche Werte

Abenteuer	Abwechslung	Aktivität	Akzeptanz
Anerkennung	Ansehen	Anstand	Attraktivität
Aufrichtigkeit	Aussehen	Ausstrahlung	Authentizität
Bedeutung	Begeisterung	Beharrlichkeit	Beliebtheit
Bescheidenheit	Begeisterung	Besitz	Besonnenheit
Bewunderung	Bindung	Bildung	Charisma
Dankbarkeit	Demut	Disziplin	Effektivität
Ehrlichkeit	Empathie	Entscheidungsfreude	Entfaltungsfreiheit
Entwicklung	Erfolg	Erholung	…

Um zu einem besseren Verständnis zu gelangen, sollte nun mit den Klienten/Klientinnen die *subjektive Bedeutung/Definition* der persönlichen Werte besprochen werden, z. B. anhand der folgenden Fragen:

> **Denkaufgabe:**
>
> - Was ist meine Definition von [diesem Wert]?
> - Was bedeutet [dieser Wert] für mich?
> - Auf welche Art und Weise habe ich mir [diesen Wert] angeeignet?
> - In welchen Lebensbereichen (z. B: Beziehung/Partnerschaft; Freundschaft; Freizeit, Beruf; Umgang mit mir selbst; Umgang mit anderen) ist mir [dieser Wert] besonders wichtig?
> - Bei welchen Entscheidungen hat mich [dieser Wert] maßgeblich beeinflusst?
> - Welche Verhaltensweisen zeige ich, die durch [diesen Wert] bestimmt sind?

Anschließend kann der Klient seine/die Klientin ihre lebensbezogenen Werte (z. B.: Ehrlichkeit – Großzügigkeit – Höflichkeit – Integrität – …) nach *persönlicher Relevanz* ordnen. Dies kann beispielsweise geschehen, indem jeder Wert *einem* der drei folgenden Kategorien zugeordnet wird: »*Sehr wichtig für mich*«, »*Wichtig für mich*« oder »*Weniger wichtig für mich*«. Genauso sinnvoll kann es sein, alle Werte in eine *persönliche Rangreihe* von 1. = »*Ist unverzichtbar/Ist mir ganz wichtig*« bis X = »*Ist mir weniger wichtig*« zu bringen.

Die so ermittelten persönlichen Werte können übersichtlich auf dem Arbeitsblatt VT-V3: *Was ist mir wichtig? Meine Werte* notiert werden.

Es lohnt sich in diesem Zusammenhang auch, auf *Spurensuche in die Vergangenheit* zu gehen und sich mit der Frage zu beschäftigen, wie man sich diesen Wert angeeignet und wer einem diesen Wert vorgelebt und/oder »glaubhaft« vermittelt hat. Genauso interessant kann es sein, der Frage nachzugehen, wie lange schon dieser Wert einen im Leben begleitet bzw. auf welche Art und Weise er das Erleben sowie Handeln bestimmt. Dabei ist zu bedenken, dass der Stellenwert eines Werts im Laufe der persönlichen Entwicklung durchaus variabel sein kann. Genauso gibt es aber auch zentrale (»Kern«-)Werte, die sehr »eng« mit dem persönlichen Identitätsgefühl verbunden sind und deshalb ein Leben lang bestimmend bleiben.

Bei Bedarf kann eine *detaillierte Zuordnung* der individuellen Werte zu den verschiedenen Lebensbereichen (z. B.: Beziehung/Partnerschaft, Freundschaft, Freizeit, Beruf, Familie, Umgang mit mir selbst, Umgang mit anderen) sinnvoll sein, z. B. anhand der folgenden Leitfragen: »*Was ist mir wichtig in dem Lebensbereich […]? Welche Werte spiegeln sich darin wider?*«. Die Klienten/Klientinnen können dann ihre Überlegungen dazu auf dem Arbeitsblatt VT-V4: *Lebensbereiche und persönlichen Werte* notieren (▶ Tab. 17):

Tab. 17: Lebensbereiche und persönliche Werte

Was ist mir wichtig in diesem Lebensbereich?	Welche persönlichen Werte spiegeln sich darin wider?
Beziehung/Partnerschaft: • Dass man sich alles sagen kann. • Dass man miteinander »durch Dick und Dünn« geht. • Dass man sich vertraut. • Dass man miteinander viel erlebt.	• Unterstützung • Aufrichtigkeit • Ehrlichkeit • Zusammenhalt • Treue • Begeisterung
Beruf: • Dass man etwas bewegen kann. • Dass man offen und fair miteinander umgeht. • Dass man weiterkommt. • Dass man sich weiterentwickelt.	• Kreativität • Freundlichkeit • Toleranz • Fairness • Wertschätzung • Erfolg • Wachstum
Umgang mit sich selbst: • Dass man fair mit sich umgeht. • Dass man auf die eigenen Bedürfnisse achtet. • Dass man lebendig bleibt und sich immer wieder »neu erfindet«.	• Fairness • Freundlichkeit • Respekt • Kreativität • Abwechslung

Die Klienten/Klientinnen sollen bis zur nächsten Sitzung darüber nachdenken, ob für sie weitere, bislang noch nicht genannte Werte (absolut wie auch abgestimmt auf die verschiedenen Lebensbereiche) relevant sind. Falls Werte neu hinzukommen bzw. welche von der Liste gestrichen werden, dann sollten die Arbeitsblätter VT-V3 bis VT-V4 entsprechend angepasst werden.

> **Hinweise für die Umsetzung im Gruppensetting:**
>
> - Jeder Klient/jede Klientin bekommt verschiedene DIN-A5 Karteikarten, um darauf Werte (Begriffe) einzutragen.
> - Pro DIN-A5 Karteikarte wird stichwortartig nur *ein* Wert (z. B.: »Aufrichtigkeit«, »Treue«, »Begeisterung«) eingetragen.
> - Alle DIN-A5 Karten werden verdeckt in die Mitte auf dem Boden gelegt.
> - Jeder Klient/jede Klientin zieht dann nach Zufall eine DIN-A5 Karte (= einen Wert) und teilt dann seine persönliche Definition (z. B.: »*Kreativität ist für mich…/ Freundschaft bedeutet mir…*«) sowie die Wichtigkeit/Relevanz dieses Wertes (z. B.: »Respekt ist auf meiner persönlichen Werteskala auf Platz 2, direkt hinter…«) sowohl absolut gesehen wie spezifiziert für verschiedene Lebensbereiche.
> - Alternativ dazu wird jeder Klient/jede Klientin reihum dazu eingeladen, ca. fünf wesentliche Werte aus den beschrifteten DIN-A5 Karten herauszufiltern, die für einen persönlichen Lebensbereich am wichtigsten sind. Diese Werte können dann noch priorisiert und in ihrer Bedeutung den anderen Gruppenmitgliedern erläutert werden.

> **Hausaufgaben bis zur nächsten Sitzung:**
>
> - Überarbeitung/ Ergänzung der Auflistung persönlicher Werte
> - (Nach-)Bearbeitung der verschiedenen Arbeitsblätter

3.4.2 Ablauf Sitzung 8

In der Sitzung 8 sollen zum einen die (guten) Erfahrungen des Klienten/der Klientin bei der Umsetzung der »Hausaufgaben« aus Sitzung 7 besprochen werden. Des Weiteren empfiehlt es sich, die einzelnen Themen der vergangenen Sitzung zu ergänzen und weiter zu vertiefen, indem beispielsweise erneut Leitfragen aus Sitzung 7 aufgegriffen werden:

> **Denkaufgabe:**
>
> - Was ist meine Vision vom Leben?
> - Was möchte ich in diesem Leben (noch) gerne erreichen?
> - Welche Spuren möchte ich als Vermächtnis hinterlassen?
> - Welches sind meine Lebensziele?
> - Was ist mir wichtig in meinem Leben?

- Was gibt meinem Leben einen Sinn?
- Was ist mir wichtig im Leben (Familie; Freunde; Beruf; Freizeit)?
- Was ist mir wichtig im Umgang mit mir selbst; mit anderen; in der Familie; im Beruf?
- Was sind meine Kraftquellen? Woraus beziehe ich meine Kraft?

So möchte ich gelebt haben – Zeitreise in meine Zukunft

Als nächstes soll nun genauer auf die persönliche Vision von einem guten und erfüllenden Leben eingegangen werden. Dies kann auf imaginative Art und Weise geschehen, indem der Klient gebeten wird in die Zukunft zu schauen und sich *einen Geburtstag im hohen Alter* auszusuchen. Von dort aus soll er zurück auf sein Leben blicken und von der Geburt bis zu diesem Tag die schönen Momente seines Lebens Revue passieren lassen. Ergänzend dazu kann dieser vorweg genommene Rückblick auf das eigene Leben auch in bildlicher Form (z. B.: Serie von Zeichnungen/Collagen) erfolgen.

Alternativ dazu kann man sich vorstellen, dass an einem runden Geburtstag in der Zukunft *fünf Gratulanten eine Rede zu seinen Ehren halten* (z. B.: 1. ein Familienmitglied; 2. eine gute Freundin/ein guter Freund; 3. ein Arbeitskollege; 4. ein Klassenkamerad; 5. der Bürgermeister aus der Gemeinde, in der man lebt). Diese Festredner werden über gute/schöne/glückselige Ereignisse im Leben des Klienten/der Klientin sprechen: über all das, was ihm/ihr immer wichtig gewesen ist, nach welchen Grundsätzen das Wirken des Klienten/der Klientin geprägt war, welche Werte ihn/sie geleitet haben sowie über seine/ihre positive Eigenschaften.

Der Klient/die Klientin kann auch gebeten werden, die folgenden Fragen zu beantworten: »*Nehmen wir einmal an, dass man sich in [X Jahren] wiedertrifft und das Leben wäre gut verlaufen: Welche von Ihren Wünschen, Vorstellungen von einem guten Leben sind Wirklichkeit geworden? Wie haben Sie das angestellt, ein so erfolgreiches und zufriedenstellendes Leben zu führen? Wer hat Sie dabei unterstützt? Was streben Sie noch (weiter) an?*«.

> **Hinweise für die Umsetzung im Gruppensetting:**
>
> - Auf DIN-A5 Karteikarten werden die Bezeichnungen von Festrednern (z. B.: Familienmitglied; gute Freundin/guter Freund; Arbeitskollege; Klassenkamerad; Bürgermeister) notiert. Jeder Klient/jede Klientin zieht nach Zufall eine der Karten und soll dann, im Rahmen eines »runden Geburtstages« in der Zukunft, aus der Perspektive dieses Festredners eine Lobesrede (auf sich selbst) halten.
> - Alternativ dazu kann diese Festrede auch durch ein anderes Gruppenmitglied erfolgen: dazu werden auf einem zweiten Satz von DIN-A5 Karteikarten die Namen der einzelnen Teilnehmer geschrieben, so dass jeder Festredner sowohl seine jeweilige Rolle (z. B.: Familienmitglied; gute Freundin/guter Freund; Arbeitskollege; Klassenkamerad; Bürgermeister), wie auch den Namen des »Geburtstagskindes« nach dem Zufallsprinzip zugeordnet bekommt.

3.4 Der Visions-Raum (KVT)

So möchte ich in Zukunft leben – meine (Zukunfts-)Vision von einem guten Leben

In diesem Abschnitt soll der Klient seine/die Klientin seine/ihre Visionen von einem guten und erfüllten Leben weiter konkretisieren. Ein entsprechender Suchprozess, wie das Leben zukünftig verlaufen soll, kann anhand der folgenden Fragen angestoßen werden:

> **Denkaufgabe:**
> - Was möchte ich in Zukunft unbedingt noch sagen, tun oder erleben?
> - Auf was oder wen möchte ich in Zukunft nicht verzichten?
> - Nach welchen Werten möchte ich mein Leben in Zukunft ausrichten?
> - Was soll der Sinn meines zukünftigen Lebens sein?

Neben dieser »globalen« Sichtweise auf die erwünschte Zukunft kann es sinnvoll sein, sich genauer mit den Visionen für die einzelnen *Lebensbereiche* (z. B.: Beziehung/Partnerschaft, Beruf, Umgang mit sich selbst) zu beschäftigen und sich in diesem Zusammenhang auch zu überlegen, nach welchen *Werten* man (zukünftig) sein Denken und Handeln ausrichten möchte. Bei Bedarf können die Überlegungen und Erkenntnisse dazu auf dem bereits aus der Sitzung 7 bekannten Arbeitsblatt VT-V4: *Lebensbereiche und persönlichen Werte* (s. dazu den Abschnitt »Meine Werte«, ▶ Kap. 3.4.1) notiert werden.

Genauso sinnvoll kann es sein, die Visionen zeitlich genauer zu differenzieren. Zu diesem Zweck werden die Klienten/Klientinnen gebeten, darüber nachzudenken, wie sie in *drei, sechs, neun Jahren* leben möchten. Die Ergebnisse dazu können übersichtlich auf Arbeitsblatt VT-V5: *Meine Zukunfts-Vision* eingetragen werden. Auch hier kann falls notwendig/erwünscht ein detaillierter Entwurf für die einzelnen Lebensbereiche (z. B.: Beziehung/ Partnerschaft, Beruf, Umgang mit sich selbst) erfolgen.

Zum Abschluss wird der Klient/die Klientin gebeten, einen prägnanten *Merksatz* für seine/ihre Vision zu entwerfen. Dieser kann beispielsweise die persönlichen Werte beinhalten (z. B.: *Glaube, Liebe, Hoffnung*), oder auch daran erinnern, was man in Zukunft mehr tun/befolgen möchte (z. B.: »*Sei nachsichtig Dir gegenüber, behandele andere mit Freundlichkeit*«). Dieser Merksatz kann dann auf eine DIN-A5 Karteikarte geschrieben werden und – zur Erinnerung sowie Motivation – öfters mal in die Hand genommen, bedacht und gelesen werden.

Ausblick

Die Klienten/Klientinnen sollten regelmäßig überprüfen, ob ihr aktuelles Leben noch in Einklang mit den persönlichen lebensbezogenen Wünschen, Zielen und Werten ist, um eine entsprechende Kurskorrektur vornehmen zu können (»*Was möchte ich bewahren, was möchte ich verändern?*«). Da Leben von Veränderung geprägt ist und Visionen »nicht in Stein gemeißelt sind«, sollten auch diese regelmäßig überdacht und bei Bedarf angepasst werden.

3.4.3 Arbeitsblätter Visions-Raum

Das MentalHaus – Back in Time [VT-V1]

Lebensalter	Tätigkeiten, Interessen, Überzeugungen, Grundsätze	Am glücklichsten war ich	Lebensmotto

Das MentalHaus – Werte [VT-V2]

Im Folgenden finden Sie eine Auswahl an Werten:

Abenteuer	Abwechslung	Aktivität	Akzeptanz
Anerkennung	Ansehen	Anstand	Attraktivität
Aufrichtigkeit	Aussehen	Ausstrahlung	Authentizität
Bedeutung	Begeisterung	Beharrlichkeit	Beliebtheit

3.4 Der Visions-Raum (KVT)

Bescheidenheit	Beständigkeit	Besitz	Besonnenheit
Bewunderung	Bindung	Bildung	Charisma
Dankbarkeit	Demut	Disziplin	Effektivität
Ehrlichkeit	Empathie	Entscheidungsfreude	Entfaltungsfreiheit
Entwicklung	Erfolg	Erholung	Ethik
Fairness	Familie	Fairness	Fleiß
Flexibilität	Freiheit	Freude	Freundlichkeit
Freundschaft	Frieden	Fröhlichkeit	Fürsorglichkeit
Geborgenheit	Geduld	Gelassenheit	Gemütlichkeit
Genuss	Gerechtigkeit	Gesundheit	Geselligkeit
Glaubwürdigkeit	Großzügigkeit	Güte	Harmonie
Herzlichkeit	Hilfsbereitschaft	Hingabe	Höflichkeit
Humor	Idealismus	Individualität	Ideenreichtum
Innovation	Integrität	Interesse	Intuition
Kontrolle	Kontaktfähigkeit	Kreativität	Leichtigkeit
Leidenschaft	Liebenswürdigkeit	Loyalität	Macht
Mäßigkeit	Mitgefühl	Mut	Nachhaltigkeit
Nächstenliebe	Neutralität	Offenheit	Optimismus
Ordnungssinn	Partnerschaft	Pflichtgefühl	Phantasie
Pragmatismus	Präsenz	Pünktlichkeit	Realismus
Redlichkeit	Reichtum	Respekt	Ruhe
Rücksichtnahme	Sanftmut	Sauberkeit	Selbstdisziplin
Selbstachtung	Selbstbewusstsein	Selbstvertrauen	Selbstverwirklichung
Sicherheit	Solidarität	Sorgfalt	Sparsamkeit
Spaß	Standhaftigkeit	Teamgeist	Tapferkeit
Toleranz	Treue	Tüchtigkeit	Unabhängigkeit
Unbestechlichkeit	Verantwortung	Vergebung	Verlässlichkeit
Vergebung	Verständnis	Vertrauen	Wachsamkeit
Wahrheit	Weisheit	Weitsicht	Wertschätzung
Würde	Zärtlichkeit	Zielstrebigkeit	Zuverlässigkeit
Zuneigung	Zuversicht		

Das MentalHaus – Was ist mir wichtig? Meine Werte [VT-V3]

Name des Wertes	Wie wichtig/relevant ist dieser Wert für mich? Aus welchem Grund?

3.4 Der Visions-Raum (KVT)

Das MentalHaus – Lebensbereiche und persönliche Werte [VT-V4]

Was ist mir wichtig in diesem Lebensbereich?	Welche persönlichen Werte spiegeln sich darin wider?

> **Das MentalHaus – Meine Zukunfts-Vision [VT-V5]**

Wo sehen Sie sich…

in drei Jahren

in sechs Jahren

in neun Jahren

3.5 Fakultative Abschlusssitzung: Die Hausführung (KVT)

Ziele

In der fakultativen Abschlusssitzung *Hausführung* sollen die Klienten/Klientinnen dazu angeleitet werden, sich alle von ihnen gestalteten Inhalte und Zielsetzungen der einzelnen Räume des MentalHauses zu vergegenwärtigen.

Einleitung

Rückblick, Würdigung, Ausblick: In der fakultativen Abschlusssitzung soll zum einen ein Rückblick auf die gemeinsam verbrachte Zeit erfolgen und darüber hinaus besprochen werden, welche *gute* Entwicklung man durchlaufen hat. Darüber hinaus sollen im Rahmen einer »virtuellen Hausführung« die gewonnenen Erkenntnisse sowie vollzogenen Veränderungen beim Bearbeiten der vier Räume des Mental-Hauses gewürdigt werden. Abschließend soll noch ein Blick in die Zukunft gerichtet und darüber nachgedacht werden, wie sich der Status quo sichern lässt und welche »Meilensteine« noch zu erreichen sind.

Übersicht der Arbeitsblätter

Arbeitsblätter Fakultative Abschlusssitzung: Die Hausführung

- Rückblick, Würdigung, Ausblick [VT-H1]

3.5.1 Ablauf Fakultative Abschlusssitzung

Zu Beginn dieser (fakultativen) Abschlusssitzung werden die Klienten/Klientinnen zunächst dazu eingeladen, im Rahmen eines »wohlwollenden« *Rückblicks* nacheinander durch alle Räume ihres nun komplett eingerichteten MentalHaus zu gehen, um sich die gewonnenen Erkenntnisse sowie Veränderungen bewusst zu machen. Im Folgenden findet sich eine Auswahl an Leitfragen zur Gestaltung dieser »virtuellen Hausführung«:

> **Denkaufgabe:**
>
> - Welche Erkenntnisse haben Sie durch die Bearbeitung des »Wohlfühl-Raums«, »Ressourcen-Raums«, »Beratungs-Raums«, »Visions-Raums« gewinnen können?
> - Welche Veränderungen in Ihrem Leben haben Sie mittels Bearbeitung des »Wohlfühl-Raums«, »Ressourcen-Raums«, »Beratungs-Raums«, »Visions-Raums« vollziehen können?
> - Welche Ihrer Hoffnungen und Wünsche haben sich erfüllt?
> - Welcher Ihrer Ziele haben Sie erreicht?

Die so ermittelten persönlichen Antworten auf die oben genannten Fragen zum Thema »Rückblick« können in dem oberen Kästchen des Arbeitsblatts VT-H1: *Rückblick – Würdigung – Ausblick* notiert werden.

Als nächstes soll eine Würdigung erfolgen, wobei nicht nur die Leistung, sondern auch Anstrengung, Einsatz und Durchhaltevermögen, unabhängig vom Ergebnis, berücksichtigt werden sollen, z. B. anhand der folgenden Leitfragen:

> **Denkaufgabe:**
>
> - Welche ihrer Anstrengungen und/oder Leistungen möchten Sie würdigen?
> - Was an Ihrem Einsatz/Ihrer Anstrengung/Ihrem Durchhaltevermögen möchten Sie loben?
> - Auf was sind Sie besonders stolz?
> - Wie haben Sie »Motivations-Tiefs« und »Rückschläge« überwunden?

- Wie haben Sie sich motiviert, weiter zu machen und durchzuhalten?
- Welche wohlwollenden Rückmeldungen heben Sie durch ihre Freunde und guten Bekannte bekommen?

Die so ermittelten persönlichen Antworten auf die oben genannten Fragen zum Thema »Würdigung« können in dem mittleren Kästchen im Handout VT-H1: *Rückblick – Würdigung – Ausblick* notiert werden.

Zu guter Letzt soll im Rahmen eines Ausblicks darüber nachgedacht werden, wie das bereits Erreichte beibehalten, stabilisiert und weiter ausgebaut werden kann, z. B. mittels der folgenden Leitfragen:

Denkaufgabe:

- Welche der hier erlernten Strategien, Methoden oder Verhaltensweisen möchten Sie beibehalten?
- Wie können Sie das Erreichte beibehalten bzw. stabilisieren?
- Wie können Sie erreichen, dass es zur Gewohnheit wird?
- Was gibt es noch zu erreichen? Was möchten Sie als nächstes verändern?
- Welches sind Ihre nächsten Ziele?
- Auf welche Art und Weise möchten Sie diese Ziele erreichen?
- Wer oder was kann Sie dabei unterstützen?

Die so ermittelten persönlichen Antworten auf die oben genannten Fragen zum Thema »Ausblick« können im unteren Kästchen auf dem Arbeitsblatt VT-H1: *Rückblick – Würdigung – Ausblick* notiert werden.

Hinweis für die Umsetzung im Gruppensetting:

- Die einzelnen Gruppenmitglieder malen ihr (Mental-)Haus auf Papier und tragen ihre gewonnenen Erkenntnisse sowie vollzogenen Veränderungen in die jeweiligen Räume ein.
- Anschließend stellen sich die Gruppenmitglieder ihr MentalHaus gegenseitig vor.

Abschließend wird mit den Klienten/ Klientinnen noch besprochen, wie sie auch weiterhin die notwendige Zeit zum (weiteren) »Ausbau«, »Einrichten« wie auch »Pflegen« der vier Räume des MentalHauses einrichten können.

3.5.2 Arbeitsblätter Hausführung

Das MentalHaus – Rückblick, Würdigung, Ausblick [VT-H1]

Rückblick

_____

_____

Würdigung

_____

_____

Ausblick

4 Das MentalHaus: Der hypnotherapeutische Zugang

Einleitung HYP-Zugang

Im HYP-Zugang zum MentalHaus findet eine »unbewusste« bildhaft-imaginative Bearbeitung der Räume bzw. Themen des MentalHauses mittels hypnotherapeutisch fundierter Techniken, Übungen sowie Interventionsstrategien statt. Die Klienten/Klientinnen sollen mittels Trance sowie über positive Suggestionen dazu angeregt werden, ihre Wünsche wahrzunehmen, ihre Potentiale zu spüren, Verhaltensänderungen zu ermöglichen und ihre Ziele selbstorganisatorisch unter Aktivierung ihrer individuellen Ressourcen anzugehen. Dabei soll die Eigenmotivation der Klienten/Klientinnen strikt respektiert und ihre autonome Kreativität gefördert werden. Insgesamt sollen die Klienten/Klientinnen mittels des HYP-Anteils des MentalHauses ihre Fähigkeiten zur Selbstwahrnehmung, zum Selbstverständnis sowie zur Selbststeuerung weiter ausbauen.

Damit die Klienten/Klientinnen in Zukunft auch ohne direkte therapeutische Anleitung in Trance gehen können, liegen für die einzelnen Räume des MentalHauses spezifische metaphorische Geschichten wie auch Induktions-Texte als Handout wie auch im Audio-Format vor (MP3 Datei im Online-Zusatzmaterial).

In den folgenden Abschnitten finden sich Informationen über das prinzipielle Vorgehen im HYP-Anteil des MentalHauses. Die nachfolgend aufgeführten Inhalte können bei Bedarf mit dem Klienten/der Klientin besprochen werden, z. B. in Form einer eigenständigen Einführungsveranstaltung, oder auch »kompakt« als Zusatz-Programmpunkt in der Sitzung 1.

Grundlegende Informationen zu Trance und -Induktion

Der Klient/die Klientin sollte zum einen grundlegende Informationen zu den Themen Trance sowie -Induktion bekommen, wobei bei Bedarf auf den folgenden Text zurückgegriffen werden kann:

> Trance ist alles, was *nicht* mit der bewussten Aufmerksamkeit gelenkt wird. Man kann dabei sehr aufmerksam und auf etwas konzentriert sein: vielleicht gefesselt von einem spannenden Buch, sodass wir sogar das Telefon überhören. Oder eher scheinbar weggetreten: wie bei Tagträumen, wo wir starr aus dem Fenster blicken, aber in Wahrheit ins »Nirgendwo« schauen. Man kann dabei körperlich sehr aktiv

sein: viele Kulturen tanzen sich in Trance. Man kann dabei körperlich auch passiv sein, z. B. Sitzen oder Liegen wie im Rahmen des [HYP-Anteil] des MentalHauses, wie bei der hier angewendeten Trance. Trance ist nicht mit Schlaf oder sich entspannen zu verwechseln. Sie kann aber, wie jede Entspannung, in Schlaf übergehen und ist entspannend. Jede Trance wirkt durch Selbst-Induktion, d. h. sie setzt die innere Zustimmung, das Einvernehmen und eine gute Beziehung zwischen Therapeuten und Klienten voraus. Körperlich kommt es während der Trance zu typischen (positiven) körperlichen Veränderungen: z. B. Abnahme von Atem- und Herzschlagrate, Blutdruck und bestimmten Stresshormonen (sog. trophotrope Reaktionsmuster). Es treten Zeitverzerrungsphänomenen auf, d. h. meist wird der zeitliche Rahmen als kürzer (»wie im Flug vergangen«) erlebt. Des Weiteren kann es zu Schwere- (Tonus-Verringerung), Wärme- (Dilatation) bzw. Kälte- (Konstriktion)Empfindungen kommen.

Es empfiehlt sich zu klären, welche *körperliche Position* der Klient/die Klientin im Rahmen der Trance-Induktion einnehmen möchte. Dazu kann der Klient/die Klientin ermutigt werden, auf dem vorhandenen Mobiliar »Probe zu Sitzen« (oder auch »Probe zu Liegen«). Des Weiteren sollte auch die Position des Sessels/der Liege (z. B. an der Wand, mitten im Raum, …) bestimmt werden. Selbstverständlich können die Klienten/Klientinnen auch gerne ihre »bewährte« Entspannungsunterlage (z. B.: Decken, Kissen, Unterlagen) verwenden, wenn diese ihnen bei der Trance-Induktion von Nutzen ist. Abschließend sollte noch ein Handzeichen vereinbart werden, dass das Vorliegen von »Schwierigkeiten« signalisiert, so dass die Trance-Induktion zur Klärung unterbrochen werden kann. Abschließend sollte darauf hingewiesen werden, dass Störfaktoren (Bequeme Kleidung? Handy ausgeschaltet oder auf Flugmodus gesetzt?) »so gut es geht« im Voraus zu beseitigen sind. Abschließend sollten noch offene Fragen des Klienten zum HYP-Anteil des MentalHauses wie auch zur Trance sowie -Induktion beantwortet werden.

Übersicht über Struktur und Ablauf der HYP-Sitzungen

Als nächstes soll eine Übersicht über die Struktur sowie den Ablauf der Sitzungen im HYP-Anteil des MentalHauses gegeben werden:
[Begrüßung]

1. Loslass-Ritual
2. Informationen zu der Bedeutung sowie den Inhalten des aktuellen Raums
3. Vorlesen der metaphorischen Geschichte
4. Durchführung der Trance-Induktion
5. Nachbesprechung der Trance
6. Austeilen der Materialien (Handout »Metaphorische Geschichte«; MP3 Datei »Metaphorische Geschichte« und Trance-Induktion) und Festlegung der Hausaufgaben

[Terminierung der nächsten Sitzung und Verabschiedung]

Zur besseren Visualisierung kann der oben skizzierte prototypische Ablauf der HYP-Sitzungen auch auf Flip-Chart aufgemalt/dargestellt werden.

1. Das Loslass-Ritual

Damit der Klient/die Klientin den Alltag hinter sich lassen und sich somit besser auf die Trance-Induktion »einlassen« kann, sollte zu Beginn einer jeden Sitzung ein »Loslass-Ritual« durchgeführt werden. Dazu können die Klienten/Klientinnen beispielsweise dazu ermutigt werden, alles was sie gerade beschäftigt oder belastet auf einen Zettel zu schreiben. Dieser Zettel kann dann, in Gedanken oder ganz real, entweder bis zum Sitzungsende sicher aufbewahrt (z. B. in einem Kästchen) oder aber auch gleich »vernichtet« (z. B. verbrennen; zerreißen) bzw. weggeschmissen werden. Da jeder Mensch einen bevorzugten Sinneskanal (V-A-K-O-G) hat, sollte dieser bei der Umsetzung des »Loslass-Rituals« berücksichtigt werden.

2. Informationen zu der Bedeutung sowie den Inhalten des aktuellen Raums

Als nächstes werden gezielte Informationen zu der Bedeutung sowie den Inhalten des aktuellen Raums gegeben. Dabei sollte darauf geachtet werden, dass dieser Anteil möglichst kurz gestaltet wird, so dass der Trance-(Erlebnis)-orientierte-Charakter im HYP-Zugang des MentalHauses bewahrt wird.

3. Vorlesen der metaphorischen Geschichte

Für jeden Raum im HYP-Anteil des MentalHauses wurde eine metaphorische Geschichte ausgearbeitet. Der Inhalt der Kurzgeschichten greift im Vorfeld die Thematik des jeweiligen Raumes auf, ohne dass dadurch eine direkte Einflussnahme hinsichtlich der individuellen Ausgestaltung der Räume stattfinden soll. Wichtig an dieser Stelle ist noch einmal, dass die Geschichten nicht explizit thematisiert oder im Anschluss besprochen werden. Sie sollen lediglich die Phantasie des Klienten/der Klientin anregen. Insofern sind die Geschichten ein begleitendes Angebot und deren Inanspruchnahme somit eine freiwillige Entscheidung. Bei Bedarf können die metaphorischen Geschichten als Handout sowie in Form einer Mp3-Datei mitgegeben werden, so dass diese auch nach Beendigung der Sitzung zur Verfügung stehen.

4. Durchführung der Trance-Induktion

Für jeden Raum liegen spezifische Trance-Induktions-Texte vor, als Handout wie auch in Form einer Mp3-Datei.

Da jeder Raum des MentalHauses mit zwei konsekutiven Sitzungen bearbeitet wird (Wohlfühl-Raum [Sitzungen 1+2]; Ressourcen-Raum [Sitzungen 3+4]; Beratungs-Raum [Sitzungen 5+6]; Visions-Raum [Sitzungen 7+8]), wird derselbe spezifische Trance-Induktions-Text zweimal durchgeführt/vorgelesen, mit *einer*

4 Das MentalHaus: Der hypnotherapeutische Zugang

Ausnahme: im Ressourcen-Raum wurden zwei unterschiedliche Texte vorbereitet, mit Betonung des visuellen Sinneskanals in Sitzung 3 sowie des kinästhetischen Sinneskanals in Sitzung 4.

Die Hypnoseinduktion nimmt, je nach Sprechtempo sowie -Pausen, einen Zeitraum von ca. 30–45 Minuten ein.

Wir empfehlen vor der Durchführung der jeweiligen Sitzungen, sich die dazu passende Audio-Datei anzuhören und auch einen »Probedurchgang« ohne Klienten/Klientinnen durchzuführen, bei dem der jeweilige Text laut vorgelesen wird. Bezüglich des Einsatzes sowie der Modulation der Stimme empfehlen wir folgendes: beim Ausatmen und zum Ende des Satzes Senken der Stimme. Beim Ansprechen von Körperempfindungen die Stimme leiser, tiefer und sanfter werden lassen. Werden Sicherheits-Suggestionen gegeben, ist die Stimme klar und fest, bei Suchprozessen hingegen fragend. Im Text der jeweiligen Trance-Induktion finden sich folgende Empfehlungen bezüglich der Dauer/Länge der Sprechpausen:

   * 1–2 Sekunden kurze Pause
 ** 3–4 Sekunden mittlere Pause
*** 5–6 Sekunden lange Pause

Trotz dieser Empfehlungen ist es vor allem wichtig, den eigenen Trancestil auf die Bedürfnisse und Besonderheiten des Klienten/der Klientin abzustimmen. Zu diesem Zweck sollte der Klient/die Klientin nach dem Vorlesen der Trance-Induktion gefragt werden, ob Stimmeinsatz, Sprechtempo wie auch -Pausen für ihn/sie »stimmig« waren, oder ob diesbezüglich Veränderungen/Anpassungen notwendig sind.

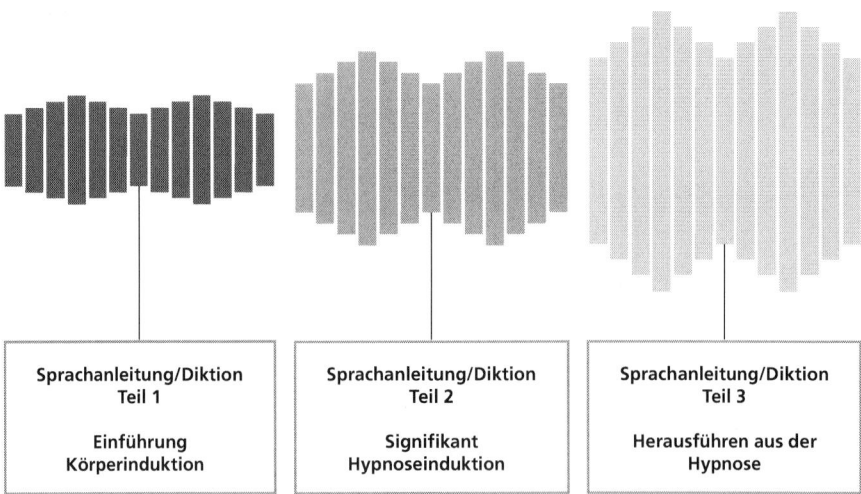

Abb. 3: Hypnotische Sprachmuster

Die Induktionen bestehen aus drei Teilbereichen (▶ Abb. 3):

- **Teil 1:** Dieser umfasst die Einleitung (Einführung) in die Hypnose. Wichtig ist, den ersten Teil mit einer sehr ruhigen, weichen und betonten Stimme zu sprechen

und besonders auf die Sprechpausen zu achten, so dass der Klient/die Klientin in eine mittlere bis tiefe Entspannungstrance bei wachem Bewusstseinszustand hineingeführt werden kann.
- **Teil 2:** Hier soll eine leichte bis mittlere Trance erreicht werden. Es ist für den Aufbau der Arbeitstrance vorteilhaft, das Sprechtempo leicht zu beschleunigen. Vor den Sprechpausen und den gestellten Fragen ist die Sprache dominanter, bestimmender zu modellieren (Aufforderungscharakter).
- **Teil 3:** Während dieses Abschnittes soll der Klient/die Klientin langsam und gezielt wieder aus der Hypnose herausgeführt werden, um somit wieder in den ursprünglichen Wachzustand zu gelangen. Dabei ist zu beachten, das Sprechtempo noch weiter zu erhöhen, zu beschleunigen. Die Betonungen werden reduziert und die Sprache ist in den Suggestionen wieder direkter und deutlicher.

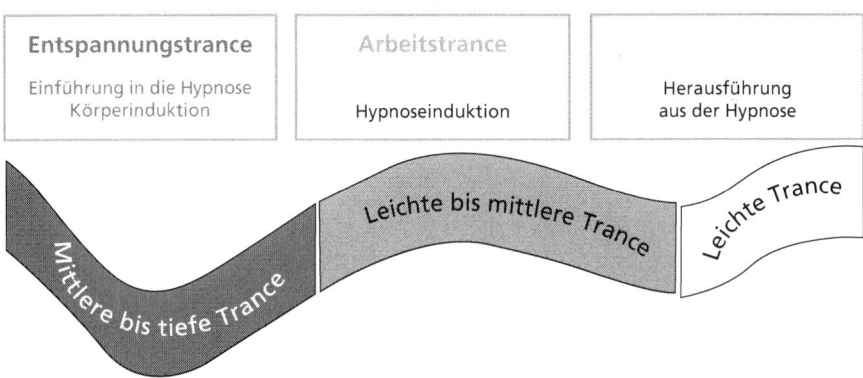

Abb. 4: Trancezustände

Trancephasen/Trancezustände

Die Entspannungstrance bzw. Wohlfühltrance soll über das Hineinführen über alle Sinnesmodalitäten zu einer körperlichen Entspannung führen (▶ Abb. 4). Hierbei kann die Trance beliebig vertieft werden. Durch den reduzierten körperlichen Aktivierungszustand wirkt die Trance ausgleichend, erholsam und gleichzeitig vitalisierend.

Die Arbeitstrance steht für eine interaktive Trance, in welcher der Klient/die Klientin mental arbeiten soll. Hierdurch entsteht eine gezielte Aufmerksamkeit, die eine ungestörte Fokussierung auf die vorgegebenen Themen und Ressourcen ermöglicht. Es entsteht sozusagen ein von Außenreizen geschützter Spielraum für zielgerichtete, kreative Prozesse. Assoziationen zu Bildern, Gefühlen und Denkstrukturen werden auf der unbewussten Ebene angeregt und im Sinne der Aktivierung selbstorganisatorischer und lösungsorientierter Prozesse genutzt.

Die leichte Trance dient der Herausführung aus der Arbeitstrance mit dem Ziel der Auflösung der Hypnose. Der Klient/die Klientin wird über einen sanften (weichen) Übergang aus der Hypnose geführt und sollte genügend Zeit haben, um sich in den vorherigen bestehenden Bewusstseinszustand wieder einzufinden.

> In diesem Zusammenhang ist noch wichtig zu erwähnen, dass ab dem 2. Raum des Mental-Hauses immer zunächst die Trance-Induktion zum Wohlfühl-Raum vorgeschaltet wird, bevor dann in die signifikante Trance-Induktion des jeweiligen Raums übergeleitet wird.

5. *Nachbesprechung der Trance (Hypno-Karte)*

Nach der Trance-Induktion erfolgt eine kurze (!) Besprechung darüber, wie die Trance erlebt wurde, welche Veränderungen (körperlich, gefühlsmäßig, im Verhalten) aufgetreten sind und woran diese bemerkt wurden.

6. *Austeilen der Materialien und Festlegung der Hausaufgaben*

Abschließend werden den Klienten/ Klientinnen noch die spezifischen Induktions-Texte der jeweiligen Räume ausgehändigt (Handout und Mp3-Datei), damit die Klienten/Klientinnen zwischen den Sitzungen selbstständig in Trance gehen (= Hausaufgabe) und die Effekte dieser selbstständig durchgeführten Trance-Induktion auf dem Handout »Hypno-Karte« dokumentieren können.

4.1 Der Wohlfühl-Raum (HYP)

Ziele

In den Sitzungen zum Thema *Wohlfühl-Raum* soll in Trance dazu angeleitet werden, mittels Trance-Induktion/Selbsthypnose einen Zustand von Entspannung, innerer Ruhe, Ausgeglichenheit und Zufriedenheit herzustellen.

Einleitung

> Mit dem Begriff »(subjektives) Wohlbefinden« wird das selbst wahrgenommene Gefühl der Zufriedenheit mit dem Leben umschrieben.

Der Wohlfühl-Raum nimmt einen besonderen Stellenwert in dem HYP-Anteil des MentalHauses ein, da er den Klienten/die Klientin zum einen in die Lage versetzen soll, erfolgreich von alltäglicher Belastung sowie Anspannung zu regenerieren. Des

Weiteren sollen gute interindividuelle Voraussetzungen geschaffen werden, um bei sich selbst notwendige wie auch hilfreiche Veränderungsprozesse anzuregen und durchzuführen. Neben seiner eigenständigen Bedeutung zur Induktion/Herstellung von subjektivem Wohlbefinden kann der Wohlfühl-Raum auch als »Transit« zu den anderen Räumen des MentalHauses angesehen werden, da er deren Nutzung stets vorgeschaltet ist, d. h. dass alle weiteren Räume über den Wohlfühl-Raum betreten werden.

Zur Symbolik im Trance-Induktions-Text Wohlfühl-Raum

In den Wohlfühl-Raum wird eine Sitzgelegenheit (Liege/Sessel) integriert, die den Klienten/die Klientin beim Wohlfühlen, Entspannen und beim Finden von innerer Ruhe und Ausgeglichenheit unterstützt.

Übersicht der Arbeitsblätter

Arbeitsblätter Sitzung 1:

- Metaphorische Geschichte Wohlfühl-Raum: »Der fremde Mann« [HYP-W1]
- Trance-Induktionstext Wohlfühl-Raum [HYP-W2]
- Hypno-Memo-Karte Wohlfühl-Raum [HYP-W3]
- Audiodatei (AW1) Metaphorische Geschichte: »Der fremde Mann«
- Audiodatei (AW2) Trance-Induktion Wohlfühl-Raum

Arbeitsblätter Sitzung 2:

- Trance-Induktionstext Wohlfühl-Raum [HYP-W2]

4.1.1 Ablauf Sitzung 1

Nach der Begrüßung und der Frage nach der aktuellen Befindlichkeit, wird zur Einstimmung auf die aktuelle Sitzung das »Loslass-Ritual« (▶ Kap. 4) durchgeführt.

Als nächstes erfolgt eine kurze Einführung in die heutige Sitzung (Ziele, Aufbau, Ablauf) und der Klient wird zu seinen Erfahrungen zum Thema »Wohlfühlen« befragt, z. B. anhand der folgenden Suchfragen:

> **Denkaufgabe:**
>
> - Wann habe ich mich als Kind (als Jugendliche/r, als Erwachsene/r) wohlgefühlt?
> - Wann habe ich mich zum letzten Mal wohl gefühlt?
> - Wie fühlt es sich an, wenn ich mich wohlfühle?
> - Woran merke ich, dass ich mich wohlfühle?
> - Wie kann ich dafür sorgen, dass ich mich wohlfühle?

- Was brauche ich, um mich wohlzufühlen?
- Satzergänzung: »Wohlbefinden ist für mich…«; »Zum Wohlfühlen brauche ich…«

Hinweise für die Umsetzung im Gruppensetting:

- Die Gruppenmitglieder stellen sich gegenseitig ihre hilfreichen Wohlfühl-Strategien sowie -Rituale vor
- Die Klienten/Klientinnen können gebeten werden mitzuteilen, inwieweit/auf welche Art und Weise ihnen der Kontakt/der Austausch mit den anderen Gruppenteilnehmern guttut bzw. ihr Wohlbefinden erhöht.

Zur weiteren Einstimmung auf das heutige Thema wird im Anschluss die metaphorische Geschichte zum Wohlfühl-Raum vorgelesen (Text s. *Handout HYP-W1 – Metaphorische Geschichte Wohlfühl-Raum*). In der Nachbesprechung sollte vor allem darauf geachtet werden, dass der Klient/die Klientin keine vorgefertigte Erklärung bekommt, sondern dieser Geschichte eine eigene, ganz persönliche Bedeutung gibt (»*Was haben Sie beim Vorlesen dieser Geschichte empfunden?*«; »*Spricht Sie diese Geschichte an?*«; »*Gibt es eine für Sie passende Botschaft in dieser Geschichte?*«).

Danach erfolgt die Trance-Induktion (Text s. *Handout HYP-W2 – Trance-Induktions-Text Wohlfühl-Raum*) und, nach erfolgter Exduktion, eine kurze Besprechung des in der Trance Erlebten ohne Bewertung und Interpretationen.

Als letzter Programmpunkt zur Sitzung 1 erfolgt die Festlegung der »Hausaufgaben« zur nächsten Sitzung sowie die Ausgabe der Materialien (*Handout HYP-W1* sowie *Audio-Datei AW1* Metaphorische Geschichte und *Audio-Datei AW2* Trance-Induktion Wohlfühl-Raum). Dabei sollte auch besprochen werden, wie der Klient/die Klientin sich die notwendige Zeit zur Durchführung der Trance-Induktion einrichten bzw. »gönnen« kann (»*Wann?*«; »*Wie?*«; »*Wozu wäre das gut für Sie?*«). Die Erlebnisse sowie Effekte der Trance zwischen den Sitzungen können vom Klienten/von der Klientin auf dem *Handout HYP-W3* dokumentiert werden.

Hausaufgaben bis zur nächsten Sitzung:

- Aushändigung der Metaphorischen Geschichte (Handout HYP-W1; Audiodatei AW1)
- Durchführung der Trance-Induktion Wohlfühl-Raum mittels Audiodatei (AW2)
- Dokumentation der subjektiven Empfindungen/Erlebnisse während der Trance auf dem Arbeitsblatt Hypno-Memo-Karte (Handout HYP-W3)

4.1.2 Ablauf Sitzung 2

Nach der Begrüßung und der Frage nach der aktuellen Befindlichkeit wird zur »mentalen« Einstimmung auf die aktuelle Sitzung das »Loslass-Ritual« (▶ Kap. 4) durchgeführt.

Danach können zum (erneuten) Einstieg in das Thema »Wohlfühlen« die Suchfragen aus Sitzung 1 aufgegriffen werden, wobei explizit auf Wohlfühl-Situationen wie auch -Maßnahmen seit der letzten Sitzung fokussiert werden sollte:

> **Denkaufgabe:**
>
> - Welche Wohlfühl-Momente habe ich seit der letzten Sitzung erlebt?
> - Woran habe ich gemerkt, dass ich mich dabei wohlgefühlt habe?
> - Wie fühlt es sich prinzipiell an, wenn ich mich wohlfühle?
> - Woran merke ich prinzipiell, dass ich mich wohlfühle?
> - Wie kann ich prinzipiell dafür sorgen, dass ich mich wohlfühle?

> **Hinweise für die Umsetzung im Gruppensetting:**
>
> Die Gruppenmitglieder können ihre Wohlfühl-Erlebnisse und -Aktivitäten seit der letzten Sitzung auch mittels Zeichnung darstellen.

Als nächster Programmpunkt erfolgt die Besprechung der Hausaufgaben (= Durchführung der Trance-Induktion Wohlfühl-Raum mittels Audio-Datei), z. B. anhand der folgenden Fragen:

> **Denkaufgabe:**
>
> - Wie ging es mir, als ich mir die Trance-Induktion zum Wohlfühl-Raum anhörte?
> - Woran bemerkte ich (während der Trance; im Alltag), dass ich mich wohlfühlte?

Im Anschluss daran wird erneut eine Trance-Induktion (Text s. *Handout HYP-W2 – Trance-Induktions-Text Wohlfühl-Raum*) durchgeführt mit sich anschließender kurzen Besprechung des in der Trance Erlebten ohne Bewertung und Interpretationen.

Als letzter Programmpunkt zur Sitzung 2 wird mit dem Klienten/der Klientin besprochen, wie man bis zur nächsten Sitzung die notwendige Zeit zur Durchführung der Trance-Induktion einrichten kann.

Ausblick

Wohlbefinden ist kein statisches Gut, sondern ein Zustand, der – zur nachhaltigen Wirkung – regelmäßig hergestellt werden kann/muss. Aus diesem Grund sollte mit dem Klienten/der Klientin noch besprochen werden, wie er/sie sich Tag für Tag »Wohlfühl-Momente« gönnen kann. Des Weiteren sollte überlegt werden, wie er/sie sich die notwendige Zeit zur Durchführung der Trance-Induktion Wohlfühl-Raum nehmen kann.

4.1.3 Arbeitsblätter Wohlfühl-Raum

Das MentalHaus – Metaphorische Geschichte Wohlfühl-Raum [HYP-W1]

Der fremde Mann

Pia und Frederik waren schon monatelang in ihrer Wohngegend unterwegs, um sich Häuser anzusehen. Reihenhäuser wohlgemerkt. Nichts Großartiges. Ein nettes Häuschen für ein junges Paar, das in vier Monaten sein erstes Baby erwartet. Sie stellten sich das bis jetzt ganz einfach vor. War es aber keinesfalls.

Heute ist Pia besonders gereizt. Frederik versucht sie zu beruhigen. »Schatz, wir finden was«, sagt er und nimmt zärtlich ihre Hand in die seine und streichelt sie liebevoll. »Vielleicht ist es heute genau das Richtige, was wir uns gleich ansehen werden, Schatz? Dann ziehen wir schnell ein, heiraten, und du bekommst unser Baby und wir drei sind zusammen die glücklichste Familie der Welt, ok?«

Ihr neues Besichtigungs-Objekt steht auf einem kleinen Hügel, mit einer sehr schönen Aussicht auf die nahegelegenen Felder, auf denen braungefleckte Kühe sich das frische Gras schmecken lassen. »Das ist ein super Haus für uns. Das habe ich im Gefühl«, schwärmt Pia. »Genau das Richtige. Hoffentlich ist es noch zu haben. Und wenn es nicht zu teuer ist, schlagen wir zu.«

Sie werden von der Eigentümerin durch das Haus geführt. Eine sehr sympathische, junge Frau etwa im gleichen Alter wie Pia und Frederik. Alles passt. Fast alles. Als die Verkäuferin ihre Preisvorstellung nennt und die Beiden die Ihre, wissen sie sofort: Sie werden nie zusammenkommen. Viel zu teuer. Schon wieder aus, der Traum vom Eigenheim.

»Ich kann nicht mehr«, sagt Pia voll gestresst, als sie den Hügel hinuntergehen. »Wir müssen wieder von ganz vorne anfangen.« Von der Seite sieht Frederik, dass dicke Tränen über Pias Wangen laufen. Er legt den Arm um sie, will sie trösten, aber sie schüttelt unwillig und ziemlich zornig, aber vor allem voller Enttäuschung seine Hand von ihrer Schulter. »Es klappt einfach nichts. Komplett nichts. Wir können es wirklich lassen«, schreit sie gegen den Wind, der ihre schönen, langen Haare in ihr Gesicht fegt. »Wir haben einfach kein Glück, es soll nicht sein, alles umsonst. Wir schaffen das nie, bis das Baby kommt. Vielleicht ist alles sowieso Quatsch, was wir machen.« Sie weint immer lauter und Frederik weiß nicht, wie er sie noch beruhigen kann. Sie steigen ins Auto ein und Frederik will gerade

4.1 Der Wohlfühl-Raum (HYP)

den Gang einlegen. »Lass mich aussteigen«, sagt Pia voll wütender Aufregung. Sie scheint plötzlich ohne Kontrolle und Frederik macht ihre Haltung ohnmächtig. »Ich will aussteigen. Ich muss allein sein«, schreit Pia ihren Freund an. »Wenn du meinst, dass dein Verhalten jetzt so richtig ist, dann musst du eben aussteigen, ich kann es nicht ändern. Finde ich aber unfair.« Sie verlässt tatsächlich das Auto. »Sie wird schon mit irgendeinem Bus nach Hause kommen«, denkt Frederik und macht sich gleichzeitig Sorgen um Pia. »Typisch Pia. Sturkopf wie so oft.« Verärgert, aber auch traurig, gibt er Gas und fährt los.

Pia läuft feldeinwärts. Ohne Ziel. Sie überquert eine Straße, sieht eine kleine Gastwirtschaft. Sie steuert ohne weitere Überlegung darauf zu. Das Lokal ist so gut wie leer. Nur ein älterer Mann sitzt gemütlich am Tresen und schaut Löcher in die verrauchte Luft. Verschämt setzt sich Pia an einen der kleinen Tische und bestellt heiße Schokolade mit Schlagsahne. Der Mann am Tresen schaut neugierig zu Pia. Er durchdringt sie ein wenig mit seinen Blicken, aber es sind gutmütige Blicke. So als wüsste er, dass er es mit einer Person zu tun hat, der es gerade nicht gut geht.

»Du siehst aber nicht glücklich aus«, spricht er von oben auf Pias kleinen Tisch herunter. »Bin ich auch nicht«, erwidert Pia. Ohne dass sie es wollte, erzählt sie ihm plötzlich ihre ganze Frustgeschichte.

»Mein Gott Mädchen, ist das wirklich so schlimm?« Pia wischt sich peinlich berührt mit dem Ärmel ihres Pullovers Nässe aus den Augen. »Das Leben hängt doch nicht daran, ob man das richtige Haus findet.« Keine Reaktion. »Ja, ein schönes Haus macht Freude und du bist vorübergehend auch glücklich. Aber was ist, wenn es abbrennt oder du es nicht mehr bezahlen kannst oder du dich von deinem Mann trennst?« »Aber ich will mich wohlfühlen«, sagt Pia. »Wohlfühlen, junge Frau, wohlfühlen, das kannst du dich nur hier drinnen.« Der fremde Mann zeigt auf seine Herzgegend. »Da drin musst du dich zuhause fühlen, dann ist es ganz egal, wo du wohnst, kapiert? In dir ist dein Zuhause… Nur in dir…Nirgends sonst. Ok?« Er schaut tief in ihre verweinten Augen. »Warum duzt der mich eigentlich? Wahrscheinlich ist er betrunken«, denkt Pia. Auch egal. »Sie haben leicht reden«, sagt Pia, »vielleicht haben sie ja einen großen Bauernhof hier in der Nähe und haben viel Platz und auch genug Geld!« »Platz ist in der kleinsten Hütte«, antwortet der Mann. »Eine kleine, kuschlige Stube, ein gemütliches Sofa, einen warmen Ofen, ein sauberes Bett, einen Menschen neben sich, der einen gernhat. Was braucht man mehr? Wohlfühlen hängt von nichts ab, was da draußen passiert. Das Haus da drinnen – er klopft wieder auf seinen Brustkorb – musst du dir gemütlich machen, damit du dich wohlfühlst und es dir gut geht, wenn du zu dir nach Hause kommst. Wie eine Schnecke. Sie ist jederzeit mit sich selbst unterwegs – und ihr Zuhause? Hat sie dabei.«

Der Mann steht auf, macht eine Geste zum Gehen, bleibt kurz vor Pia stehen, fasst in seine Hosentasche und holt einen Stein heraus. Er schaut in ihre braunen Augen. »Ich habe immer einen Stein dabei, falls ich einen Menschen treffe, bei dem ich in Erinnerung bleiben möchte.« Er nimmt Pias Hand und legt einen gleichmäßig runden, glatten Stein hinein. Dann geht er zur Tür und verlässt ohne ein Wort den Raum. Pia trinkt ihre Schokolade aus, die inzwischen kalt geworden ist, und schaut ihm lange nach.

Sie sucht eine nahegelegene Bushaltestelle und fährt nach Hause. Dort angekommen, sieht sie einen jungen Mann zusammengekauert auf der Bank an der Haltestelle sitzen. Es ist ihr Frederik. Sie geht zu ihm. Umarmt ihn still. »Du machst alles richtig«, flüstert sie in sein kaltes Ohr. »Wir schaffen das. Wenn es sein muss, auch ohne Haus.«

Aloisia Zöller (mit freundlicher Genehmigung)

Das MentalHaus – Trance-Induktions-Text Wohlfühl-Raum [HYP-W2]

* 1–2 Sekunden kurze Pause
** 3–4 Sekunden mittlere Pause
*** 5–6 Sekunden lange Pause

Sprachanleitung Teil 1: Einführung/Körperinduktion

Damit Du Dich so richtig entspannen kannst,
möchte ich Dich
jetzt bitten,
für Dich auszuprobieren,
wie es für Dich
am bequemsten ist.
So,
dass sich dein Körper,
so richtig entspannen kann.
**
Und während Du jetzt
eine angenehme Ausgangsposition gefunden hast,
kannst Du die Augen
für einen Moment schließen,
um sie später wieder zu öffnen.
Und während
Du es Dir ... so richtig bequem gemacht hast,
kannst Du jetzt
Deine Hände auf Deinen Bauch legen,
damit Du Deinen Atemrhythmus
wahrnehmen kannst.
*
Deine Atmung
fließt ganz von allein,
ohne eigenes Zutun.
Und während Du
jetzt
Deine Atmung wahrnimmst,
**

atme tief ein
**
und langsam
**
und entspannt wieder aus.
**
Atme tief ein
**
und langsam und entspannt wieder aus.
*
Während Du
tief
ein-
und ausatmest,
ist es möglich,
zu spüren
wie der Bauch
sich beim Einatmen hebt
*
und beim Ausatmen
wieder senkt.
*
Du atmest
tief ein,
*
und langsam
und entspannt
wieder aus.

So,
dass Du mit jedem Atemzug
tiefer
und
immer tiefer
in Deine Entspannung kommst.
*
Und Du weißt,
mit jedem Atemzug
kannst Du noch mehr
Entspannung aufnehmen.
Und mit jedem Ausatmen
kannst Du Anspannung
aus Deinem Körper loslassen.
*
Dein Atem
fließt frei und selbstständig,

ohne eigenes Zutun.
So,
wie es für dich angenehm ist.
*

Vielleicht merkst Du schon jetzt,
dass Deine Augen schwer
und schwerer werden.
So
schwer und angenehm,
dass Du sie jetzt schließen möchtest.
Und wenn Du magst,
kannst Du sie auch geöffnet lassen,
um Dir später zu gestatten,
sie wieder zu schließen,
so,
wie es für Dich gut und richtig ist.
*

Es kann sein,
dass Du bemerkst,
dass die Geräusche um Dich herum
immer weiter
*

und weiter
*

in den Hintergrund geraten.
*

Sie verschwimmen!
*

Sie werden diffus!
*

Sie werden unwichtig!
*

Alles andere wird unwichtig!
**

Und meine Stimme
begleitet Dich,
tiefer und immer tiefer,
so,
dass Du noch
mehr Entspannung aufnehmen kannst.
*

Während Dein Unterbewusstsein
noch weiter
Deiner Entspannung
Aufmerksamkeit schenkt.
*

Kann es sein,
dass Du jetzt
schon eine Veränderung wahrnimmst.
Spüre
*

den Unterschied,
wie sich Dein Körper
locker und entspannt anfühlt.
**

Spüre
*

Deinen ganzen Körper,
wie er locker und entspannt ist.
Immer tiefer
**

und tiefer ist Deine Entspannung.
**

Und während Du weiter entspannst,
*

Sprachanleitung Teil 2: Signifikante Hypnoseinduktion

schickt Dir Dein Unterbewusstsein
Bilder
von einem Weg.
**

Ein Weg,
der Dich noch tiefer
in Deine Entspannung führt.
Du darfst neugierig sein,
welcher Weg Dir begegnen wird.
***

Lass Dich überraschen!
***

Wenn sich
plötzlich
*

vor Deinem inneren Auge
ein Weg auftut,
***

wenn Du Deinen Weg gefunden hast,
betrachte ihn.
***

Ist es ein Dir bekannter Weg?
***

Oder ein ganz neuer Weg?
***
Schaue ihn Dir genau an!
***
Nach einiger Zeit
verspürst Du ein Verlangen,
auf Deinem Weg loszulaufen.
*

Erstaunlicherweise
erscheint es Dir
wie ein Abenteuer!
So,
als würdest Du
in Deinem ganz eigenen Tempo
und in Deinem eigenen Rhythmus
und in Deiner ganz eigenen Zeit
auf Deinem Weg laufen.
*

Der Weg
ist fest
und trägt Dich.
***
Der Weg
ist
fest und trägt Dich.
***
Nimm alles um Dich herum wahr.
**
Gibt es Dinge am Wegesrand
oder am Horizont,
die Du kennst?
***
Oder
aber auch Dinge,
die neu für Dich sind?
**
Sei gespannt,
was Dir dort alles begegnen wird.
**
Vielleicht
nimmst Du Geräusche wahr
auf Deinem Weg,
die sich für Dich
besonders angenehm anhören.
**
Oder

4.1 Der Wohlfühl-Raum (HYP)

Du verspürst auf Deiner Haut
einen leisen,
wohltuenden Lufthauch,
der sich für Dich
besonders angenehm anfühlt.
**
Vielleicht
verbunden mit einer bestimmten Temperatur.
*
Möglicherweise
angenehm warm
oder
angenehm kühl.
**
Vielleicht
nimmst Du auch
auf Deinem Weg
einen wohlriechenden Duft wahr,
der auf Dich
ganz besonders anziehend wirkt.
***
Oder
etwas ganz anderes.
**
Wenn Du Dich
jetzt
*
hier so umschaust,
*
welche Jahreszeit könnte es sein?
**
Wie ist die Temperatur?
**
All dies kannst Du wahrnehmen!
*
Wenn Du auf Deinem Weg genug gelaufen bist,
wird es Dir vielleicht möglich sein,
am Horizont
ein Haus zu entdecken.
**
Und mit jedem Schritt
kommst Du Deinem Haus
näher
und immer näher.
**
Du darfst gespannt sein,

was Dir für ein Haus erscheint.
Nimm Dir Zeit,
das Haus zu erreichen.
***

Wenn Du angekommen bist,
betrachte es.
***

Wie sieht das Haus aus?
**

Aus welchem Material ist das Haus?
**

Was hat es für Fenster und wo befindet sich die Tür?
*

Wenn Du die Tür entdeckt hast,
halte noch einmal inne.
**

Gibt es etwas,
was Du draußen lassen möchtest?
**

Vielleicht
siehst Du eine bestimmte Stelle
oder einen Platz,
an dem Du
gewisse Gedanken
oder Gefühle
ablegen
oder
loslassen möchtest,
bevor Du
*

in Dein Haus hineingehst.
*

Und wenn Du möchtest,
kannst Du sie später
beim Verlassen
Deines Hauses wieder mitnehmen,
oder
Du lässt sie dort,
so
wie es sich für Dich
gut und richtig ist.
***

Ich möchte Dich jetzt bitten,
in Dein Haus hineinzugehen
und Dich dort
in aller Ruhe umzuschauen.

4.1 Der Wohlfühl-Raum (HYP)

Es kann sein,
dass Du verschiedene Räume entdeckst.
Schaue es Dir an,
bist Du neugierig geworden?
Dann darfst Du es jetzt erkunden.
***

Während
Du Dich umschaust,
gibt es einen Raum,
von dem Du Dich
ganz besonders angezogen fühlst?
***

Schaue Dich in diesem Raum
in aller Ruhe um.
***

Irgendwo wirst Du eine Möglichkeit finden,
Dich zu setzen
oder
Dich hinzulegen,
um es Dir
so richtig gemütlich zu machen.
**

Während Du so ganz gemütlich und bequem
sitzt oder liegst,
kannst Du
Deinen Raum betrachten.
Wie sehen die Wände und der Boden aus?
**

Gibt es eine bestimmte Farbe?
**

Möglicherweise
Deine Lieblingsfarbe?
**

Gibt es dort große oder kleine Fenster?
Oder Möbelstücke?
**

Vielleicht
gibt es eine bestimmte Temperatur,
die sich für Dich besonders angenehm anfühlt.
**

Möglicherweise
kannst Du einen Geruch wahrnehmen,
der für Dich
*

besonders gut riecht.
**

Du kannst auch mal lauschen,
ob Du
gewisse Geräusche
wahrnehmen kannst,
**
die sich für Dich
besonders gut anhören.
***
Wenn Du magst,
kannst Du Deinen Raum
so verändern,
dass Du Dich so richtig wohlfühlen kannst
***
in Deinem
Dir
anvertrauten Wohlfühl-Raum.
***
Und das Beeindruckende ist,
*
dass Du Dich,
während Du hier
sitzt oder liegst,
so richtig frei und ausgeglichen fühlst.
**
Spüre,
*
wie es ist,
auf Deinem Sessel oder Deiner Liege zu liegen.
Und Dich so richtig wohl zu fühlen.
***
Es kann sein,
dass Du Deine Augen für einen Moment schließen möchtest,
wenn ja,
dann schließe sie jetzt.
**
Wenn Du sie geöffnet lassen möchtest,
so tue dies,
um Dir später zu erlauben,
sie zu schließen.
**
Vielleicht
ist jetzt die Zeit gekommen,
dass Du eine ganz angenehme
Ruhe und Gelassenheit wahrnimmst,
**
während Du

Dich so richtig gut fühlst
*
in Deinem Wohlfühl-Raum.
**

Bleibe noch die Zeit,
die Du für Dich benötigst.
***

Und das Phantastische ist,
*
dass es jederzeit möglich ist,
Deinen Wohlfühl-Raum aufzusuchen.
*

In der Gewissheit,
*
dass Du Dich hier
so richtig entspannen kannst
**

So,
wie es sich für Dich
genau richtig anfühlt.
***

Sprachanleitung Teil 3: Herausführung

Bereite Dich jetzt vor
in Deinem ganz eigenen Tempo
und in Deiner ganz eigenen Zeit,
Dich wieder auf Deinen Weg zu begeben.
**

Und mit jedem Schritt
wirst Du wacher
und wacher,
so
wach und klar,
dass
sich das Gefühl
der angenehmen Ruhe
mit jedem Schritt
noch weiter in Dir ausbreitet kann.
Und ich möchte Dich
jetzt bitten,
wieder in das Hier und Jetzt
zu kommen,
Deine Füße wahrzunehmen,
die den Boden berühren.

Deine Atmung bewusst wahrzunehmen,
Deinen Körper von Kopf bis Fuß zu spüren,
Die Augen zu öffnen,
Dich mal umzuschauen.
*

Den Raum wieder bewusst wahrzunehmen
und in das Hier und Jetzt,
langsam in diesem Raum, anzukommen.
*

Und wenn Du angekommen bist,
Dich mal zu bewegen,
Dich zu recken
und zu strecken.
*

Dich aufzurichten,
um alles Erlebte
noch einen kleinen Moment
nachwirken zu lassen.

Das MentalHaus – Hypno-Memo-Karte Wohlfühl-Raum [HYP-W3]

Was hat sich verändert?

Wodurch hat es sich verändert?

Woran habe ich die Veränderung bemerkt (körperlich, gefühlsmäßig, im Verhalten)?

4.2 Der Ressourcen-Raum (HYP)

Ziele

In den Sitzungen zum Thema → Ressourcen-Raum soll in Trance dazu angeleitet werden, sich der eigenen aktuellen inneren Ressourcen bewusst zu werden, um diese kreativ, zielgerichtet und lösungsorientiert einsetzen zu können. Des Weiteren sollen »verschüttete« innere Ressourcen wieder aktiviert, sowie weitere hilfreiche innere Ressourcen entwickelt werden, um zukünftige Anforderungen noch besser bewältigen zu können.

Einleitung

> Der Begriff »Innere Ressourcen« bezeichnet die guten Eigenschaften, Fähigkeiten, (Handlungs-)Kompetenzen, Stärken und Talente eines Menschen, die er einsetzen kann, um eine bestimmte Aufgabe zu lösen oder ein bestimmtes Ziel zu erreichen.

Der Ressourcen-Raum wurde mit dem Fokus auf unterschiedliche Sinnesmodalitäten bzw. Wahrnehmungszugänge entwickelt. Er besteht – im Gegensatz zu den anderen Räumen – aus zwei Bereichen. Der erste Bereich umfasst eine *Bildergalerie* (Sitzung 3), die verstärkt darauf ausgerichtet ist, dass man vorwiegend über das bildhafte Erleben in die Hypnosetrance gelangt. Da manche Klienten/Klientinnen leichter über einen Gefühlszugang in die Trance gelangen, ist ein zweiter Bereich integriert worden über die *Requisiten* (Sitzung 4). Dementsprechend liegen für den Ressourcen-Raum auch zwei unterschiedliche Trance-Induktions-Texte vor, die eher die visuelle (= Bildergalerie) oder eher die kinästhetische (= Requisite) Submodalität betonen. Durch diesen »dualen Ansatz« soll sichergestellt werden, dass jede/r entsprechend seines/ihres bevorzugten Wahrnehmungszugangs bzw. Sinneskanals die eigenen Ressourcen in Zukunft noch effektiver nutzen kann.

Zur Symbolik im Trance-Induktions-Text Ressourcen-Raum

Symbolbedeutung Bildergalerie

Die Treppe
Die Treppe ermöglicht dem Klienten/der Klientin den Zugang zu seinen/ihren Ressourcen und steht symbolisch für Weiterkommen, Streben nach Höherem, Zielerreichung.

Die Etagen
Die Etagen bilden verschiedene Zeitfenster (Vergangenheit, Gegenwart, Zukunft) ab.

Die Ressourcenbilder (Sitzung 3)

Auf den verschiedenen Etagen kann der Klient/die Klientin in Trance seine/ihre persönlichen »Erfolgsbilder« anordnen. In einem zweiten Schritt sollen nun die inneren Ressourcen bestimmt werden, die diesen Erfolg möglich gemacht haben. Der Klient/die Klientin wird anschließend dazu eingeladen, aus jedem Bild einen Gegenstand zu bestimmen und »mitzunehmen«, der symbolisch die jeweilige innere Ressource repräsentiert. Durch diese Verknüpfung von inneren Ressourcen mit Bildern und Gegenständen können die jeweiligen inneren Ressourcen im Alltag nicht nur über das Visualisieren der (Erfolgs-)Bilder, sondern auch durch das Denken oder anschauen (bzw. »handfester« anfassen) des damit verbundenen Gegenstandes aktiviert werden.

Symbolbedeutung Requisiten (Sitzung 4)

Die Ressourcenbilder werden transportiert und über Kostüme und Requisiten in eine reale Situation übertragen. Der Klient/die Klientin kann dadurch seine/ihre Ressourcen über die Handlungsebene einbringen. Über die Metapher des Kostüms (Requisite) wird der Ressource ein »Gewand« gegeben. Über Kostüm und Requisite kann somit eine Identifikation stattfinden zwischen einer gespielten Rolle und den eigenen Emotionen. Die Requisite soll ressourcenassoziierte Merkmale (Gefühle, Gedanken, Vitalität etc.) gut repräsentieren.

Übersicht der Arbeitsblätter

Arbeitsblätter Sitzung 3:

- Metaphorische Geschichte Ressourcen-Raum: »Das Land hinter dem Horizont« [HYP-R1]
- Trance-Induktionstext Ressourcen-Raum Bildergalerie [HYP-R2]
- Hypno-Memo-Karte Ressourcen-Raum [HYP-R3]
- Audiodatei (AR1) Metaphorische Geschichte: »Das Land hinter dem Horizont«
- Audiodatei (AR2) Trance-Induktion Ressourcen-Raum Bildergalerie

Arbeitsblätter Sitzung 4:

- Trance-Induktionstext Ressourcen-Raum Requisite [HYP-R4]
- Audiodatei (AR3) Trance-Induktion Ressourcen-Raum Requisite

4.2.1 Ablauf Sitzung 3

Nach der Begrüßung und der Frage nach der aktuellen Befindlichkeit wird zur Einstimmung auf die aktuelle Sitzung das »Loslass-Ritual« (▶ Kap. 4) durchgeführt.

Als nächstes erfolgt eine kurze Einführung in die heutige Sitzung (Ziele, Aufbau, Ablauf), wobei der spezielle »duale« Aufbau des Ressourcen-Raums mit Schwerpunkt Bildergalerie in Sitzung 3 und Schwerpunkt Requisite in Sitzung 4 erwähnt werden kann.

4.2 Der Ressourcen-Raum (HYP)

Anschließend wird der Klient zur Einstimmung auf das aktuelle Thema zu seinen Erfahrungen zum Thema »Ressourcen« befragt, z. B. anhand der folgenden Suchfragen:

> **Denkaufgabe:**
>
> - Was ist mir bisher gut gelungen? Auf welche Erfolgserlebnisse in meinem Leben blicke ich mit Stolz zurück?
> - Welche meiner guten Eigenschaften habe ich dafür eingesetzt?
> - Was zeichnet mich heute aus?
> - Welche guten Eigenschaften werden mir von anderen zugesprochen?
> - Was wertschätzen meine Freunde an mir?

> **Hinweise für die Umsetzung im Gruppensetting:**
>
> Jeder Klient/jede Klientin vergibt jedem der anwesenden Gruppenmitglieder eine gute Eigenschaft (»Nach meiner Einschätzung bist du ... [kreativ]«) und erläutert diese Einschätzung anhand einer Beobachtung bzw. eines konkreten Erlebnisses.

Zur weiteren Einstimmung auf das heutige Thema wird im Anschluss die Metaphorische Geschichte zum Ressourcen-Raum vorgelesen (Text s. Handout HYP-R1 – Metaphorische Geschichte Ressourcen-Raum). In der Nachbesprechung sollte vor allem darauf geachtet werden, dass der Klient/die Klientin keine vorgefertigte Erklärung bekommt, sondern dieser Geschichte seine eigene, ganz persönliche Bedeutung gibt (»Was haben Sie beim Vorlesen dieser Geschichte empfunden?«; »Spricht Sie diese Geschichte an?«; »Gibt es eine für Sie passende Botschaft in dieser Geschichte?«).

Danach erfolgt die Trance-Induktion mit Schwerpunkt auf der visuellen Submodalität (Text s. Handout HYP-R2 – Trance-Induktions-Text Ressourcen-Raum Bildergalerie) und, nach erfolgter Exduktion, eine kurze Besprechung des in der Trance Erlebten ohne Bewertung und Interpretationen. Vor der Durchführung der Trance sollte darauf aufmerksam gemacht werden, dass es durchaus geschehen kann, dass in der Trance andere bzw. weitere gute Eigenschaften auftauchen könnten, als man es sich zuvor, auf der bewussten Ebene, vorgestellt hat.

Als letzter Programmpunkt zur Sitzung 3 erfolgt die Festlegung der »Hausaufgaben« zur nächsten Sitzung sowie die Ausgabe der Materialien (Handout HYP-R1 sowie Audio-Datei AR1 Metaphorische Geschichte und Audio-Datei AR2 Trance-Induktion Ressourcen-Raum Bildergalerie). Dabei sollte auch besprochen werden, wie der Klient/die Klientin sich die notwendige Zeit zur Durchführung der Trance-Induktion einrichten bzw. »gönnen« kann (»Wann?«, »Wie?«, »Wozu wäre das gut für Sie?«). Die Erlebnisse sowie Effekte der Trance zwischen den Sitzungen können vom Klienten/von der Klientin auf dem Handout HYP-R3 dokumentiert werden.

Hausaufgaben bis zur nächsten Sitzung:

- Aushändigung der Metaphorische Geschichte (Handout HR1, Audiodatei AR1)
- Durchführung der Trance-Induktion Ressourcen-Raum Bildergalerie mittels Audiodatei (AR2)
- Dokumentation der subjektiven Empfindungen/Erlebnisse während der Trance auf dem Arbeitsblatt Hypno-Memo-Karte (Handout HR3)

4.2.2 Ablauf Sitzung 4

Nach der Begrüßung und der Frage nach der aktuellen Befindlichkeit wird zur »mentalen« Einstimmung auf die aktuelle Sitzung das »Loslass-Ritual« (▶ Kap. 4) durchgeführt.

Danach können zum (erneuten) Einstieg in das Thema »Ressourcen« die Suchfragen aus Sitzung 1 aufgegriffen und ergänzt werden, wobei explizit auf die Identifikation bzw. »Wiederentdeckung« von inneren Ressourcen eingegangen werden sollte:

Denkaufgabe:

- Was ist mir seit der letzten Sitzung gut gelungen? Welche meiner guten Eigenschaften sind mir seit der letzten Sitzung im Alltag begegnet?
- Auf welche meiner guten Eigenschaften haben mich meine Freunde/ gute Bekannte seit der letzten Sitzung aufmerksam gemacht? Welche meiner guten Eigenschaften sind mir besonders wichtig?
- Auf welche meiner guten Eigenschaften bin ich besonders stolz?
- Welche meiner guten Eigenschaften machen mich besonders aus?

Hinweise für die Umsetzung im Gruppensetting

Die Gruppenmitglieder berichten von ihren »wiederentdeckten« bzw. neu identifizierten inneren Ressourcen seit der letzten Sitzung und erläutern dies anhand eines konkreten Ereignisses oder mehrerer konkreter Ereignisse.

Als nächster Programmpunkt erfolgt die Besprechung der Hausaufgaben (= Durchführung der Trance-Induktion Ressourcen-Raum mittels Audio-Datei), z. B. anhand der folgenden Fragen:

Denkaufgabe:

- Wie ging es mir beim Durchführen der Trance-Induktion mittels Audiodatei?

- Habe ich dabei innere Ressourcen entdeckt, die mir noch gar nicht bekannt waren?
- Habe ich dabei verloren geglaubte innere Ressourcen wiederentdeckt, genau so, als wären diese die ganze Zeit versteckt oder »verlegt« gewesen?

Im Anschluss daran erfolgt eine Trance-Induktion mit Schwerpunkt auf der kinästhetischen Submodalität (Text s. *Handout HYP-R4* – Trance-Induktions-Text Ressourcen-Raum Requisite) mit sich anschließender kurzen Besprechung des in der Trance Erlebten ohne Bewertung und Interpretationen.

Als letzter Programmpunkt zur Sitzung 4 erfolgt die Ausgabe der Materialien (*Audio-Datei AR2* Trance-Induktion Ressourcen-Raum Requisite) und es wird mit dem Klienten/der Klientin besprochen, wie er/sie sich bis zur nächsten Sitzung die notwendige Zeit zur Durchführung der Trance-Induktion einrichten kann.

Ausblick

Der Klient/die Klientin soll auch in den nächsten Wochen im Rahmen des mentalen Einübens der o. g. Techniken die Wirksamkeit der Abrufbarkeit und Nutzung seiner/ihrer Ressourcen überprüfen. Des Weiteren kann mit dem Klienten/ der Klientin besprochen werden, welche Gegenstände. Bilder oder Symbole sich für eine Visualisierung seiner/ ihrer inneren Ressourcen eignen würden (z. B. »Schildkröte« für die innere Ressource: »Beständigkeit«).

4.2.3 Arbeitsblätter Ressourcen-Raum

Das MentalHaus – Metaphorische Geschichte Ressourcen-Raum [HYP-R1]

Das Land hinter dem Horizont

Ben war gerade umgezogen. Es waren gefühlte einhundert Kisten, die noch im Keller standen und auszupacken waren. Ich hatte ihm meine Hilfe zugesagt, obwohl das ganz und gar nicht meine Lieblingsbeschäftigung ist. Aber er ist mein kleiner Bruder und ich freue mich sehr für ihn, dass er eine so schöne Wohnung gefunden hatte für sich, seine zwei Kids und seine Astrid. Es sollte so schnell wie möglich heimelig werden. In den letzten Jahren war nicht nur Sonnenschein angesagt bei Ben. Nein, das kann man wirklich nicht behaupten. Sein Leben hat sich einmal kurz geschüttelt, er fiel um und musste sich erst mal neu sortieren. Aus Platzmangel für nicht mehr so ganz junge Hipster wurde er aus der Firma gemobbt und er verzockte sich mit seinen Aktien, die ein Sparpaket für schlechte Zeiten sein sollten. Dann kam diese merkwürdige Stoffwechselerkrankung. Das alles hatte ihn ausgebremst in seiner Lebensdynamik. Er achtete nicht mehr auf sich und machte auch keinen Sport mehr. Seine Ernährung war ihm egal und so wurde er immer dicker. Die Angst, dass er seiner

Familie den bisher gewohnten Lebensstandard auf Dauer nicht mehr bieten könne, belastete ihn zusätzlich.

Aber zurück zum Keller. Ich drückte die Tür auf, mit einer Kaffeekanne in der einen Hand und zwei Bechern in der anderen. Kekse waren in meiner Hosentasche. »Bin ein bisschen spät, sorry!« Ben saß auf dem kalten Steinfußboden. Um ihn herum ausgebreitet viele bunte Fotos. Um seinen Hals hingen, man glaubt es nicht, ca. ein halbes Dutzend Siegermedaillen. Gold, Silber und Bronze. »He, Alter, was machst du hier?« Ich fing so laut an zu lachen, dass es im ganzen Kellerraum wiederhallte. Ich stellte meine Kaffee ab und schoss sofort ein Foto mit dem Handy. »Lass doch mal, Phillip.« Ben war unwirsch. »Nee, zeig doch mal die Fotos.« Ich zog die restlichen Bilder aus dem Karton und setzte mich zu Ben auf den Boden. Ich schenkte Kaffee ein und wir alberten voll rum. »Eh, Alter, das war geil, als du noch Marathon gelaufen bist, oder? Weißt du noch, Köln damals. Da kanntest du Astrid grad. Weißt du noch, sie hatte gar keine Stimme mehr nach dem Lauf. Aber küssen konnte sie noch, daran erinnere ich mich sehr genau. Und danach haben wir uns tierisch einen auf die Lampe gegossen, stimmt's?« Ben wusste bestimmt noch alles, aber er tat so, als würde ihn das alles nicht sonderlich interessieren. »Du, Ben, willst du nicht wieder anfangen?«, fragte ich etwas zögerlich. Ich boxte ihm nicht unfein auf den Oberarm. Ben warf plötzlich alle Fotos und Preise ohne Ansehen in den Karton, schloss ihn und schob ihn mit Wucht ganz hinten in ein Regal. »Ne, das ist sinnlos. Schau mich doch an. Ich muss ja schon schnaufen, wenn ich in den Keller geh. Das ist völlig zwecklos mit meinem Gewicht und überhaupt. Aus die Maus.« »Ich helfe Dir«, sagte ich zu ihm. »Einfach erst mal laufen. Ganz wenig.« Bens Blick sprach Bände. Wut, Traurigkeit, aber auch Neugierde, Freude und Angst, Zweifel und viele andere Emotionen bemächtigten sich gleichzeitig seines Gesichts. »Ja, schlecht wär's nicht, aber es ist unrealistisch«, sagte er nach einer Weile. »Komm Ben, wir fangen morgen an zu trainieren«, versuchte ich ihn weiter zu motivieren. »Jetzt habe ich Urlaub und du keine Arbeit, die Kinder sind in der Schule und Astrid sagen wir nichts. Die könnten wir am Ende super überraschen.« Das, glaube ich, war das zündende Argument. Ben willigte ein. Wir drückten unsere Fäuste zusammen, wie damals, als wir als Kinder unsere Sachen ausgeheckt hatten. Unsere Abmachung war besiegelt. Blutsbrüder waren wir schon.

In ganz kleinen Einheiten fingen wir an zu laufen. Immer morgens und jeweils um die gleiche Zeit, wenn alle anderen aus dem Haus gegangen waren. Mir machte es Freude, denn ich hatte meinen Sport auch schon seit langer Zeit vernachlässigt. Ben tat sich schwer. Die Last seiner überschüssigen Kilos wurde ihm jetzt bewusst und auch seine jahrelange Ignoranz ausgewogener Ernährung gegenüber konnte er nicht mehr verdrängen. Als Astrid nach einigen Wochen auffiel, dass Ben abgenommen hatte und dass sich seine Laune veränderte, verunsicherte sie das zunächst, vielleicht weil sie befürchtete, dass eine andere Frau im Spiel sein könnte. Daher beschloss ich, sie in das Geschehen einzubeziehen. Ben sagte ich davon natürlich nichts. So arbeiteten wir gemeinsam Tag für Tag weiter an Bens Fitness. »Meinst du, du würdest dir noch einmal einen Marathon zutrauen?«, fragte ich Ben eines Tages beim Laufen, nachdem wir unsere Trainingseinheiten auf die doppelte Zeit pro Tag gesteigert hatten. Ben zuckte mit den

Schultern. Er hatte sein Gewicht mit unbändigem Fleiß inzwischen um viele Kilos erleichtert. Astrid freute sich darüber und spornte ihn zusätzlich an, und auch die Kinder waren erstaunt über ihren abgespeckten Daddy. Bens Stoffwechsel funktionierte plötzlich viel besser. Die permanente Müdigkeit wich langsam aus seinem Leben. Eines Abends surfte ich im Internet und las von einem Marathon im Herbst in Paris. Mein Herz klopfte plötzlich bis zum Hals und ich wusste: »Mein Bruderherz muss dabei sein! Ich will meinen Bruder wieder glücklich sehen. Koste es, was es wolle.« Ohne noch einmal darüber nachzudenken, meldete ich Ben per Internet für den Marathon in Paris an. Von nun an musste ich jede Frustration meines Bruders, die in Richtung »Aufhören« deutete, mit starken Argumenten vom Tisch kriegen, was mir auch gelang. Unsere Beziehung hatte sich über die lange, gemeinsame »Laufzeit« zu einer noch stabileren »Brudergemeinschaft« entwickelt.

Bens Entscheidung, wieder Marathon laufen zu wollen, musste allerdings noch fallen.

Ende des Sommers holte Ben die Post aus dem Briefkasten. Fast ausschließlich Reklame, wie immer, und ein Brief mit einer Briefmarke mit Eifelturm. »Auch Werbung«, dachte Ben und wollte den Brief schon mit in den dafür vorgesehenen Papiereimer an der Haustür werfen. Aber irgendetwas erregte seine Aufmerksamkeit. Er öffnete den Brief, fing an zu lesen und traute seinen Augen nicht. Er beinhaltete die Aufforderung an Ben, seine Anmeldung zum Marathon im September als Bestätigung seiner Teilnahme zu unterschreiben und zurückzusenden. Er setzte sich auf die Treppe und fing spontan an, in seinen Pullover zu weinen. Ein volles »Jaaa!« hüpfte in seinem Kopf herum. Er flog tatsächlich sechs Wochen später durchtrainiert, um dreißig Kilo leichter und mit einer guten Prognose für seine Stoffwechselerkrankung nach Paris. Und wir alle folgten ihm etwas später nach. Astrid, ich und die Kinder. Seine Mutter hatte das alles finanziert. Auch sie wollte ihren Sohn endlich wieder glücklich sehen. Am Tag des Marathons hatten wir uns schon früh am Morgen an einer guten Laufkurve aufgestellt, um Ben anzufeuern. Auf Kevins (Bens Sohn) extra dafür angefertigtem Shirt stand: »Papa, Du schaffst es!« »Es ist nie zu spät«, hatte sich Jakob, sein zweiter Sohn, auf sein T-Shirt drucken lassen. Astrid und ich hatten ein Schild gebastelt: »Hau rein Benni – wir essen pünktlich.« Unsere Trillerpfeifen warteten auf ihren Einsatz. Der kam schnell. Ich war selten so aufgeregt in meinem Leben. Ben lief an uns vorüber. Wir gaben *alles*. Er gab *alles*. Wir waren so megaglücklich, dass wir uns ununterbrochen um den Hals fielen und auch gemeinsam ein bisschen weinten. Ich dachte nur die ganze Zeit: »Wie toll ist das, wir haben es zusammen geschafft, es hat sich gelohnt.« Als Ben zu uns stieß, war die Freude perfekt. Er war unter den zehn besten Läufern ins Ziel gekommen. Die Medaille, die Ben sich schon abgeholt hatte, legte er mir um den Hals und flüsterte mir ins Ohr. »Du hast mein Leben gerettet. Ich danke dir, kleiner Bruder.« »Da gehören immer zwei dazu«, flüsterte ich zurück. »Du weißt doch: Wer sein Ziel nicht kennt, für den ist kein Weg der richtige.« »Schlauer Spruch«, sagte ich, »aber ich weiß nicht, von wem.« »Ist auch egal. Auf jeden Fall: Die Hoffnung stirbt zuletzt.« Ben strahlte über sein Gesicht wie drei Sonnen gleichzeitig.

Das MentalHaus – Trance-Induktions-Text Ressourcen-Raum Bildergalerie [HYP-R2]

* 1–2 Sekunden kurze Pause
** 3–4 Sekunden mittlere Pause
*** 5–6 Sekunden lange Pause

Sprachanleitung Teil 1: Einführung/Körperinduktion

Mache es Dir
so richtig bequem,
so,
dass Du Dich jetzt
entspannen kannst.
*

Egal ob im Sitzen
oder Liegen.
So,
wie es für Dich
am angenehmsten ist.
**

Wenn Du magst,
kannst Du Deine Augen
für einen Moment schließen,
um sie später wieder zu öffnen.
*

Während Du jetzt
eine bequeme Körperhaltung eingenommen hast,
möchte ich Dich bitten,
Deine Hände auf Deinen Bauch zu legen,
*

damit Du Deine
ganze Aufmerksamkeit
auf Deine Atmung lenken kannst.
**

So,
dass Du Deinen
Atemrhythmus
noch intensiver wahrnehmen kannst.
**

Dein Atem fließt ganz von allein,
ohne Dein eigenes Zutun.
**

Frei und selbstständig,

fließt Dein Atem!
*

Atme tief ein,
*

und langsam
*

und entspannt
*

wieder aus.
*

Du atmest
tief ein
**

und langsam und entspannt
*

wieder aus.
*

Und mit jedem Atemzug
spürst Du,
wie sich Dein Bauch
beim Einatmen hebt
**

und beim Ausatmen wieder senkt.
**

Und mit jedem Atemzug
wirst Du ruhiger
und ruhiger,
so,
dass sich Dein Körper
so richtig gut entspannen kann.
**

Dein Atem fließt ruhig
und selbständig.
**

Und Dein Bauch hebt und senkt sich.
**

Dein Körper entspannt sich,
immer weiter
*

und immer tiefer.
*

Du bist
vollkommen ausgeglichen
und entspannt!
*

Und während

Du Dich so richtig ausgeglichen fühlst,

Sprachanleitung Teil 2: Signifikante-Hypnoseinduktion

schickt Dir vielleicht schon jetzt
*
Dein Unterbewusstes
Bilder
von Deinem Weg.
**
Und Du darfst neugierig sein,
ob es derselbe Weg ist
oder ein anderer Weg,
**
der Dich noch tiefer
und tiefer
in deine Entspannung führt.
*
Begib Dich jetzt,
Schritt für Schritt,
in deinem ganz eigenen Tempo
und in Deiner ganz eigenen Zeit
*
auf Deinen Weg.
**
Und mit jedem Schritt
kommst Du Deinem Haus
näher
und näher.
***
Irgendwann,
wenn Du genug gelaufen bist,
wirst Du Dein Haus erreichen.
***
Bevor Du jetzt hineingehst,
halte inne.
**
Gibt es noch Gedanken
oder Gefühle,
die Du loslassen möchtest?
**
Dann tue es jetzt!
***

Du kannst sie ganz einfach

*
hier draußen lassen.
**

Und wenn Du möchtest,
kannst Du sie auch später
wieder mitnehmen.
So,
wie es für Dich
gut und richtig ist.
**

Gehe nun in Dein Haus
und begib Dich
in Deinen Wohlfühl-Raum.
**

Du weißt,
wo Du ihn findest.
**

Wenn Du angekommen bist,
mache es Dir
auf Deinem Sessel
oder Deiner Liege
so richtig bequem.
***

Und während Du hier ganz gemütlich
sitzt oder liegst,
*

spüre
*

wie es ist,
wenn Du einatmest
und
wenn Du ausatmest.
**

Dein Atem
fließt frei
und selbstständig,
**

und der Boden ist fest und sicher.
**

Er trägt Dich!
**

Und während Du Dich so richtig
frei und ausgeglichen fühlst,
*

wird es Dir vielleicht möglich sein,
in Deinen inneren Räumen

*

eine Treppe zu entdecken.
***

Du kannst Dich
von Deinem Gefühl leiten lassen,
ob Du
die Treppe hinauf
oder
hinabgehen möchtest.
***

Die Treppe ist fest
und trägt Dich.
**

Wenn Du magst,
kann Deine Hand
am Geländer
entlanggleiten,
immer weiter
und weiter.
**

Bis Du irgendwann
an den Wänden
*

auf einer Etage
Bilder wahrnehmen kannst!
***

Erstaunlicherweise
sind es Bilder,
auf denen Du
so richtig glücklich und zufrieden bist.
**

Du kannst Deine Bilder
so wahrnehmen,
als sei es die Realität.
Und das faszinierende ist,
*

dass Du Dich
in Deinen Bildern erkennen kannst.
**

Und während Du
Dich dort siehst,
schaue Dir
die Bilder genau an.
**

Schaue sie Dir
ganz genau an.

***
Sind die Bilder farbig
oder
schwarzweiß?
**
Siehst Du Dich nah
**
oder
siehst Du Dich aus der Ferne?
***
Ist das Bild zwei-
oder
dreidimensional?
***
Ist es ein Standbild?
*
Eine Diashow?
*
Oder ein Film?
*
Vielleicht
haben Deine Bilder
auch einen ganz besonderen Rahmen,
mit einer Farbe,
die Du besonders magst.
***
Deine Lieblingsfarbe!
***
Spüre
*
wie es ist,
wenn Du Deine Bilder betrachtest.
**
Vielleicht
kommen Gefühle in Dir auf,
*
die sich für Dich
*
besonders einzigartig anfühlen.
**
Spüre,
*
wie sich Deine Bilder anfühlen.
**
Gibt es bei Deinen Bildern bestimmte Geräusche?
*

Töne oder Klänge?
**

Oder
einen bestimmten Geruch,
*

der besonders gut zu Deinen Bildern passt?
**

Jetzt
ist die Zeit gekommen,
*

wo Du alle Deine Eindrücke,
die Du wahrgenommen hast,
in einen großartigen Rahmen
hineingeben kannst,
so
dass dort
*

alle Deine Erfolgserlebnisse so richtig Platz haben.
***

Ankertechnik

Und das beindruckende ist,
*

dass es möglich ist,
wie von
Zauberhänden,
dass Du Dir jetzt,
*

aus Deinen Bildern
einen Gegenstand herausnehmen kannst,
von dem Du Dich
besonders angezogen fühlst
**

und der Dir
besonders wichtig erscheint
**

oder
Dir besonders auffällt.
***

Er kann Dich
zu jedem Zeitpunkt
daran erinnern.
*

Nimm ihn mit,

wie auch das passende Gefühl dazu.
**

Nun ist die Zeit gekommen,
dass Du Dich
*

auf Deinen Weg machst,
und mit jeder Treppenstufe,
die Du gehst,
*

wirst Du wacher
*

und wacher,
*

so
wach und klar,
*

dass Du
ganz entspannt bist
*

in der Gewissheit,
dass Du jetzt
einen Ort
in Deinem Haus kennst,
zu dem Du
zu jeder Zeit
zurückkehren kannst,
um Dir alle wichtigen Fähigkeiten
zu holen.
*

Wann immer
Du sie benötigst,
kannst Du über Deine Treppe
zu Deinen guten Eigenschaften gelangen.
*

Und das Faszinierende ist,
dass Du Dir sicher sein kannst,
*

dass alle Ressourcen, die Du benötigst,
in Dir selbst vorhanden sind!
**

Und Du weißt,
dass Du Dich verändern kannst,
seitdem Du
daran glaubst,
dass alles möglich ist!
*

Du weißt,
dass die Lösungen
in Dir selbst liegen.
**

Während Du
Deine eigenen
Erfolgsbilder betrachtest,
wirst Du wissen,
*

dass alles möglich
und machbar ist.
*

Und Du darfst
*

so richtig
stolz auf Dich sein!

Sprachanleitung Teil 3: Herausführung

Bereite Dich
jetzt langsam vor,
Dich in Deinem eigenen Tempo
wieder auf Deinen Weg zu machen,
*

und mit jedem Schritt
wirst Du wacher
und wacher,
*

so
wach und klar,
*

dass Du
jetzt hier ankommst!
*

Dass Du Deinen Körper wahrnimmst,
*

Deine Füße wahrnimmst,
die den Boden berühren.
*

Deine Atmung bewusst wahrnimmst
und Deinen Körper von Kopf bis Fuß spürst.
*

Die Augen öffnen,
*

den Raum bewusst wahrnehmen,

Dich mal umsehen,
Dich bewegen
und Dich mal zu Recken und zu Strecken.
**
Richte Dich auf,
um alles Erlebte
noch eine kurze Weile nachwirken zu lassen.

Das MentalHaus – Hypno-Memo-Karte Ressourcen-Raum [HYP-R3]

Was hat sich verändert?

Wodurch hat es sich verändert?

Woran habe ich die Veränderung bemerkt (körperlich, gefühlsmäßig, im Verhalten)?

Das MentalHaus – Trance-Induktions-Text Ressourcen-Raum [HYP-R4] (Requisite)

*   1–2 Sekunden kurze Pause
** 3–4 Sekunden mittlere Pause
*** 5–6 Sekunden lange Pause

Sprachanleitung Teil 1: Einführung/Körperinduktion

Mache es Dir so richtig bequem,
so,
wie Du denkst,
dass Du
am besten entspannen kannst.
Probiere Dich aus,
um
eine optimale Köperhaltung zu finden,
die es Dir ermöglicht,
so richtig gut zu entspannen.
**
Und wenn Du spürst,
dass Du
Deine bestmögliche Position gefunden hast,
kannst Du früher
oder später
Deine Augen schließen,

um dadurch noch mehr Entspannung zu finden.
Ich möchte Dich nun bitten,
Deine Hände auf Deinen Bauch zu legen
und Deine Aufmerksamkeit
auf Deine Atmung zu lenken,
und mit jedem Atemzug,
kannst Du spüren,
wie sich Dein Bauch
beim Einatmen hebt
**

und beim Ausatmen wieder senkt.
**

Atme tief ein
**

und langsam und entspannt
*

wieder aus.
**

Du atmest tief ein
**

und langsam und entspannt wieder aus.
so,
dass Du immer
tiefer und tiefer
in Deine Entspannung kommst.
Spüre,
*

wie sich Dein Körper
von Kopf bis Fuß
locker und immer lockerer anfühlt.
So
locker und entspannt,
*

dass Du Dich so richtig wohl fühlst.
*

Und während
Du Dich immer weiter
*

und weiter entspannst,
kannst Du jetzt
wieder Deinen Weg aufsuchen.
*

Sprachanleitung Teil 2: Signifikante – Hypnoseinduktion

Und ich bin mir ganz sicher,
dass Du weißt,
*
wo Du ihn findest.
**
Sei neugierig,
ob es wieder derselbe Weg ist
oder
ob es ein anderer Weg ist.
**
Und mit jedem Schritt,
*
kommst Du Deinem Haus
näher und näher.
**
Irgendwann, wenn Du genug gelaufen bist,
wirst Du Dein Haus erreichen.
***
Bevor Du hineingehst,
halte noch einmal inne.
**
Wenn Du möchtest,
kannst Du Gedanken
oder
bestimmte Gefühle,
die Du loslassen möchtest,
hier draußen lassen.
***
So,
wie es sich für Dich
gut und richtig anfühlt.
*
Gehe nun,
ganz ruhig und entspannt,
in Dein Haus
und begib Dich
in Deinen Wohlfühl-Raum.
*
Du weißt,
wo Du ihn findest.
***
Wenn Du ihn gefunden hast,
mache es Dir so richtig gemütlich.
***

Spüre,
*

wie es ist,
wenn Du auf Deinem Sessel
*

oder auf Deiner Liege liegst.
Spüre,
*

wie es ist,
wenn Du einatmest
*

und ausatmest.
*

Dein Atem
fließt frei
und selbstständig.
Ohne eigenes Zutun.
**

Und der Boden ist fest
und sicher.
**

Er trägt Dich!
Während Du
Dich so richtig wohl fühlst
in Deinem Wohlfühl-Raum,
*

wird es Dir möglich sein,
*

in Deinen Räumen
eine Treppe zu entdecken.
***

Du kannst Dich von Deinem Gefühl
leiten lassen,
*

ob Du die Treppe
hinab oder hinauf
gehen möchtest.
***

Es ist möglich,
*

während Du die Treppe
nach oben
*

oder nach unten läufst,
dass Deine Erfolgsbilder
an Dir vorüberziehen,

**
und lass Dich überraschen,
*
welches Gefühl in Dir auftaucht.
***
Nimm Dir Zeit
und lasse es wirken.
***
Vielleicht
gab es bei Deinen Erfolgserlebnissen
ganz besondere Fähigkeiten.
*
Möglicherweise,
*
warst Du besonders motiviert
oder
selbstsicher und stolz auf Dich
**
und hast Dich
so
richtig glücklich
und voller Energie gefühlt.
***
Wenn Du jetzt
*
noch einmal
*
alle Erfolgsbilder an Dir
vorüberziehen lässt,
**
so,
dass ein Gefühl entstehen kann,
das Dich begleitet.
***
Wann ist es entstanden?
*
Wodurch ist es entstanden?
*
Gibt es noch andere Situationen,
wo Du das Gefühl hattest?
**
Stell Dir mal vor,
Du könntest jetzt
diesem Gefühl
oder
Deinen Fähigkeiten

4 Das MentalHaus: Der hypnotherapeutische Zugang

eine Form,
eine Gestalt oder eine Figur geben.
***
Wie würde diese Gestalt oder Figur aussehen?
**
Was wäre die passende Bekleidung?
Oder
das passende Gewand?
**
Während Du nun alles betrachtest,
ist es möglich,
dass Du wie von selbst
*

in dieses Gewand hineinschlüpfst.
***
Und das Verblüffende ist,
*

dass Du beim Hineinschlüpfen bemerkst,
wie sich dieses Gefühl
*

angenehm
*

in Dir
mehr und mehr
ausbreitet.
**
Und während sich das Gefühl
in Dir ausbreitet,
*

ist es Dir möglich,
Dich im Spiegel
zu betrachten.
**
Es gleicht einem Abenteuer,
wo alles möglich
und machbar ist.
**
Während Du Dich anschaust,
*

kannst Du Dein Gefühl
oder
Deine Fähigkeiten
*

auf eine ganz besondere Art und Weise wahrnehmen.
**
Es ist,

*
als würden genau in diesem Moment
*
all Deine Fähigkeiten
besonders zum Tragen kommen.
**
Möglicherweise
kann das Erlebte Dich
zu gegebener Zeit
wie von selbst
*
in einen herrlichen Gefühlzustand bringen.

Ankertechnik

Nachdem Du jetzt
bestimmte Gefühle
ganz besonders intensiv empfunden hast,
*
und möglicherweise
*
Deinen Ressourcen
ein Gewand,
eine Gestalt
oder
eine Form oder Figur
gegeben hast,
*
kannst Du Dir sicher sein,
dass Du sie immer,
wenn Du willst,
abrufen kannst.
So,
dass Du Dir gewiss sein kannst,
**
dass Du jederzeit
in deine hervorragenden Fähigkeiten
*
wie von selbst
hineinschlüpfen kannst.
**
Dadurch kannst Du erkennen,
welche Fülle
an guten Eigenschaften
in Dir vorhanden sind,

**
die nur darauf warten,
zum Ausdruck zu kommen.
*

Und Du darfst gespannt sein,
*

was Dir
noch alles begegnen wird.

Sprachanleitung Teil 3: Herausführung

Und während Du noch immer Deine guten Gefühle erlebst,
*

möchte ich Dich jetzt bitten,
*

Dich wieder auf Deinen Weg zu machen,
so,
dass Du in Deinem ganz eigenen Tempo
und in Deinem eigenen Rhythmus
wieder Schritt für Schritt
auf deinem Weg läufst.
*

Und mit jedem Schritt
wirst Du wacher
und wacher.
So
wach und klar,
*

dass Du jetzt
hier langsam ankommst.
Du spürst Deinen Körper,
*

nimmst Deine Füße wahr,
die den Boden berühren.
Und der Boden
ist fest
und gibt Dir Halt.
Du nimmst Deinen Atem wahr,
*

spürst Deinen Körper,
öffnest jetzt die Augen,
um den Raum wahrzunehmen,
und schaust Dich in aller Ruhe um.
*

Und wenn Du Dich umgeschaut hast,

kannst Du Dich jetzt
*

ganz bewusst
recken und strecken.
**

Richte Dich auf,
um alles Erlebte
noch einen kleinen Moment
nachwirken zu lassen.

4.3 Der Beratungs-Raum (HYP)

Ziele

In den Sitzungen zum Thema *Beratungs-Raum* soll in Trance dazu angeleitet werden, die eigenen Potenziale besser zu nutzen und lösungsorientiert zu handeln, so dass in Zukunft eine (noch bessere) kompetente Selbst-Beratung bei der Lösung von anstehenden Problemen/Herausforderungen erfolgen kann.

Einleitung

> Der Begriff: »Beratung« bezeichnet einen Vorgang, bei der ein Berater dem Betroffenen eine Unterstützung für das Lösen von Problemen anbietet, zum Zwecke der Leid-Reduzierung und/oder Problemlösung.

Der Beratungs-Raum soll den Klienten/die Klientin dabei unterstützen, die Kompetenten seines/ihres »inneren Beraters« (wieder) zu entdecken und weiter auszubauen. Die Figur des inneren Beraters definiert dabei eine wohlwollende Instanz, die in uns selbst verankert ist und der wir Fragen stellen können, um Beistand sowie Antworten bzw. Lösungen für anstehende Fragen, Probleme oder Herausforderungen zu bekommen. Dies geschieht unter Einsatz der eigenen guten Eigenschaften, Stärken sowie Kompetenzen (s. dazu Sitzungen 3 und 4) sowie mittels eines wohlwollenden sowie wertschätzenden »Blickes auf sich selbst«.

Zur Symbolik im Trance-Induktions-Text Beratungs-Raum

Um die gewünschte Fähigkeit zur Selbstberatung für sich nutzbar zu machen, wurde im Beratungs-Raum als hilfreiches Medium ein Spiegel als Einrichtungsgegenstand integriert.

Das Spiegelbild dient als Symbol der Selbstbegegnung und der Selbsterkenntnis. Es spiegelt Identität, Bewusstsein, das Ich und die Wirklichkeit wider (was in einer Person verborgen ist, tritt in ihrem Doppelgänger in der Spiegelung zutage). Das Spiegelbild stellt somit eine besondere Wahrnehmungsform dar (Doppelgänger-Phänomen), die uns einen bildhaften Eindruck unserer Person zu geben vermag, den wir mit unserem vorbestehenden Selbstbild abgleichen können, um zu einer realitätsnäheren Selbsteinschätzung zu gelangen.

Wir machen uns dieses Phänomen mit obigem Ziel nutzbar, indem wir den gesamten Prozess in einem ersten Schritt unterbrechen und unter der Hypnose eine Dissoziation zwischen wahrgenommenem Bild und unserem Selbstbild dergestalt herstellen, dass wir in die Lage versetzt werden, unseren bildhaft wahrgenommenen Doppelgänger aus der resultierenden Distanz zu beraten. Diese Distanz wiederum ermöglicht es uns nun, die erforderliche wohlwollende, liebevolle, uneingeschränkt wertschätzende Haltung in uns gegenüber dem Doppelgänger einzunehmen, welche die Voraussetzung für die Aktivierung unserer Beratungskompetenzen (sachlich-logisch, nicht wertend, fürsorglich) darstellt. In einem zweiten Schritt erfolgt hierauf zeitversetzt die bewusste Integration unseres nun beratenen Doppelgänger-Spiegelbildes in unser »inneres Selbstbild« mit der erwünschten Folge der Selbstakzeptanz und -Annahme und, hierdurch gebahnt, zunehmender Verfügbarkeit unserer Beraterkompetenzen für uns selbst.

Übersicht der Arbeitsblätter

Arbeitsblätter Sitzung 5:

- Metaphorische Geschichte Beratungs-Raum: »Das Maß aller Dinge« [HYP-B1]
- Trance-Induktionstext Beratungs-Raum [HYP-B2]
- Hypno-Memo-Karte Beratungs-Raum [HYP-B3]
- Audiodatei (AB1) Metaphorische Geschichte: »Das Maß aller Dinge«
- Audiodatei (AB2) Trance-Induktion Beratungs-Raum

Arbeitsblätter Sitzung 6:

- Trance-Induktionstext Beratungs-Raum [HYP-B2]

4.3.1 Ablauf Sitzung 5

Nach der Begrüßung und der Frage nach der aktuellen Befindlichkeit wird zur Einstimmung auf die aktuelle Sitzung das »Loslass-Ritual« (▶ Kap. 4) durchgeführt.

Als nächstes erfolgt eine kurze Einführung in die heutige Sitzung (Ziele, Aufbau, Ablauf) und der Klient wird zu seinen Erfahrungen zum Thema »Beratung« befragt, z. B. anhand der folgenden Suchfragen:

Denkaufgabe:

- Wann wurden Sie zuletzt gut beraten? Durch wen? (z. B. Ort, Zeit, Anlass, Ablauf, beteiligte Personen)
- Woran haben Sie gemerkt, dass es eine gute Beratung gewesen ist?
- Wann haben Sie das letzte Mal einen anderen Menschen gut beraten? (z. B. Ort, Zeit, Anlass, Ablauf, beteiligte Personen)
- Auf welche Art und Weise haben Sie das getan? (z. B. aktiv zuhören, Nachfragen, Lösungen vorschlagen)
- Welche Ihrer guten Eigenschaften haben Sie dafür eingesetzt?
- Woran haben Sie gemerkt, dass es eine gute Beratung gewesen ist?
- Was haben Sie an guter Rückmeldung bekommen?

Hinweise für die Umsetzung im Gruppensetting:

Die Gruppenmitglieder stellen sich gegenseitig Beispiele für gute (Selbst-)Beratungen vor und nennen die in diesem Kontext eingesetzten guten Eigenschaften.

Zur weiteren Einstimmung auf das heutige Thema wird im Anschluss die Metaphorische Geschichte zum Beratungs-Raum vorgelesen (Text s. *Handout HB1* – Metaphorische Geschichte Beratungs-Raum). In der Nachbesprechung sollte vor allem darauf geachtet werden, dass der Klient/die Klientin keine vorgefertigte Erklärung bekommt, sondern dieser Geschichte seine/ihre eigene, ganz persönliche Bedeutung gibt (»*Was haben Sie beim Vorlesen dieser Geschichte empfunden?*«, »*Spricht Sie diese Geschichte an?*«, »*Gibt es eine für Sie passende Botschaft in dieser Geschichte?*«).

Danach erfolgt die Trance-Induktion (Text s. *Handout HYP-B2* – Trance-Induktions-Text Beratungs-Raum) und, nach erfolgter Exduktion, eine kurze Besprechung des in der Trance Erlebten ohne Bewertung und Interpretationen.

Als letzter Programmpunkt zur Sitzung 1 erfolgt die Festlegung der »Hausaufgaben« zur nächsten Sitzung sowie die Ausgabe der Materialien (*Handout HYP-B1* sowie *Audio-Datei AB1* Metaphorische Geschichte und *Audio-Datei AB2* Trance-Induktion Wohlfühl-Raum). Dabei sollte auch besprochen werden, wie der Klient sich die notwendige Zeit zur Durchführung der Trance-Induktion einrichten bzw. »gönnen« kann (»*Wann?*«, »*Wie?*«, »*Wozu wäre das gut für Sie?*«). Die Erlebnisse sowie Effekte der Trance zwischen den Sitzungen können vom Klienten auf dem *Handout HYP-B3* dokumentiert werden.

Hausaufgaben bis zur nächsten Sitzung:

- Aushändigung der Metaphorischen Geschichte (Handout HB1; Audiodatei AB1)
- Durchführung der Trance-Induktion Wohlfühl-Raum mittels Audiodatei (AB2)

- Dokumentation der subjektiven Empfindungen/Erlebnisse während der Trance auf dem Arbeitsblatt Hypno-Memo-Karte (Handout HB3)

4.3.2 Ablauf Sitzung 6

Nach der Begrüßung und der Frage nach der aktuellen Befindlichkeit, wird zur »mentalen« Einstimmung auf die aktuelle Sitzung das ▶ »Loslass-Ritual« (▶ Kap. 4) durchgeführt.

Danach können zum (erneuten) Einstieg in das Thema »Gute Beratung« die Suchfragen aus Sitzung 5 aufgegriffen werden, ergänzt durch Fragen zum Thema Selbstberatung:

Denkaufgabe:

- Was macht eine gute Selbstberatung aus?
- Wann haben Sie das letzte Mal sich selbst gut beraten?
- Welche Ihrer guten Eigenschaften haben Sie dafür eingesetzt?
- Woran haben Sie gemerkt, dass es eine gute Selbstberatung gewesen ist?

Hinweise für die Umsetzung im Gruppensetting:

Die Gruppenmitglieder berichten von ihren »wiederentdeckten« bzw. neu identifizierten inneren Ressourcen seit der letzten Sitzung und erläutern diese anhand eines konkreten Ereignisses oder mehrerer konkreter Ereignisse.

Als nächster Programmpunkt erfolgt die Besprechung der Hausaufgaben (= Durchführung der Trance-Induktion Beratungs-Raum mittels Audio-Datei), z. B. anhand der folgenden Fragen:

Denkaufgabe:

- Wie ging es mir beim Durchführen der Trance-Induktion mittels Audiodatei?
- Welcher meiner Beratungskompetenzen konnte ich einbringen?
- Wie ging es mir als Selbstberater?
- Habe ich dabei Beratungskompetenzen entdeckt, die mir noch gar nicht bekannt waren?
- Habe ich dabei verloren geglaubte Beratungskompetenzen wiederentdeckt, genau so, als wären diese die ganze Zeit versteckt oder »verlegt« gewesen?

Im Anschluss daran erfolgt eine erneute Trance-Induktion (Text s. *Handout HYP-B2 – Trance-Induktions-Text Beratungs-Raum*), mit sich anschließender kurzen Besprechung des in der Trance Erlebten ohne Bewertung und Interpretationen.

Als letzter Programmpunkt zur Sitzung 6 wird mit dem Klienten/der Klientin besprochen, wie man sich – bis zur nächsten Sitzung – die notwendige Zeit zur Durchführung der Trance-Induktion einrichten kann.

Ausblick

Der Klient/die Klientin sollte auch in den nächsten Wochen eine zunehmende Sensibilität und wohlwollendes Bewusstsein für seine/ihre guten Beraterqualitäten entwickeln, unter Rückgriff auf die eigenen inneren Ressourcen. Neben einem analytisch-rationalen sollte dabei auch ein intuitiv-ganzheitliches Vorgehen im (Selbst-)Beratungs-Prozess zugelassen werden.

4.3.3 Arbeitsblätter Beratungs-Raum

Das MentalHaus – Metaphorische Geschichte Beratungs-Raum [HYP-B1]

Das Maß aller Dinge

Sie ist eine tolle Frau. Wenn ich jetzt vieles aufzähle, was sie bis jetzt in ihrem Leben geschafft hat, dann überfordere ich euch hoffentlich nicht. Dass sie gut aussieht, nehme ich vorweg, denn das hat sie nicht allein geschafft, sondern der, der sie gemacht hat, oder die Gene, für die sie nicht verantwortlich ist. Aber das Wesentliche liegt auf einer anderen Ebene. Was ihr an Talenten in die Wiege gelegt wurde, ist die eine Sache, aber was sie daraus gemacht hat, die andere. Manche Menschen haben exzellent gute Voraussetzungen für ihr Leben, aber es gelingt nicht viel. Die Möglichkeiten verschwinden oft unauffällig ins Nichts und niemand kann sie festhalten. Sie aber wollte sie festhalten. Mit großer Anstrengung versuchte sie Dinge zu vollbringen, die im Ergebnis manches Mal nicht das brachten, was sie sich vorgestellt hatte. Sie wollte, glaube ich, dem trotzen, was man ihr nicht zugetraut hat.

Aber zurück zu meiner Aufzählung: Trotz nicht so gutem Schulabschluss machte sie erst einmal eine handwerkliche Lehre. Danach hat sie alle Schulabschlüsse berufsbegleitend nachgeholt und abgeschlossen. Anschließend studierte sie Sozialpädagogik. Das war ihr aber nicht genug. Sie legte noch ein Psychologiestudium auf, ebenfalls berufsbegleitend. Und so ging es immer weiter. Danach kamen Zusatzausbildungen in ihren Fachrichtungen. »Wow, wo nimmt sie diese Kraft her?«, fragte ich mich oft. Die Antwort habe ich bis heute nicht bekommen. Sie ist eine unglaublich interessante Frau. Klug, schön, begehrt, gefragt, beliebt, kompetent. Aber was viel wichtiger ist: Die Menschen suchen ihre Nähe. Beruflich wie privat. Menschen von überall her nehmen ihren Rat in Anspruch, weil sie an ihre Intuition glauben und ihr großes Herz schätzen. Ihre Beliebtheit geht weit über das hinaus, was ihr Beruf hergeben muss. Sie ist zur Beraterin geworden für Menschen, die es im Leben so schwer haben, dass oft eine einfache Behandlung nicht ausreicht, um weiterleben zu können. Es ist verrückt; aber für jeden Zweifler am Leben zieht sie eine unsichtbare Karte aus der Tasche, auf der zu stehen scheint, was jetzt genau das Richtige für denjenigen ist. Wenn das kein Talent ist! Gott sei es gedankt. Es gibt nichts Schöneres, als wenn Menschen dir vertrauen, wenn sie deine Beratung und deine Hilfe in Anspruch nehmen.

Aber leider ist diese Erfolgsschilderung nur der erste Teil dieser Geschichte. Solltet ihr ab hier nicht weiterlesen wollen, dass nehme ich euch das nicht übel. Das Positive tut gut, aber leider müssen wir die Medaille umdrehen, wenn wir die ganze Wahrheit erfahren wollen. Eine einzige Begebenheit war es, die das Gerüst, das sie um ihr Leben aufgestellt hatte, ohne Vorwarnung zum Einsturz brachte.

Sie traf sich, wie immer mittwochs, mit einer Freundin. »Ist deine Cousine wieder da?« – »Wieso? Nein. Warum fragst du?« – »Ich habe deinen Mann gesehen, mit einer Frau. Im Café Einstein. Ich dachte, es ist deine Cousine. Sie hatte auf jeden Fall Ähnlichkeit mit ihr.«

»Ach so«, sagte sie nur noch.

Am Abend, nachdem sie ihren Partner darauf angesprochen hatte, war die Tatsache schnell geklärt. Nach acht Jahren Beziehung hatte sich Simon in eine andere Frau verliebt. Aber es war nicht ihre Cousine. Sie hatte nie etwas gemerkt. Vergleichbar mit einem Erdrutsch versank die Welt von einem Moment auf den anderen in Schutt und Asche. Es folgten tagelange Auseinandersetzungen, die nicht viel von dem übrigließen, was die Beziehung einmal ausmachte. Fragen über Fragen drängten ruhelos aus dem Nebel der Verzweiflung ans Tageslicht. Wo war plötzlich all die Sicherheit geblieben? Wohin war sie abgetaucht, die selbstsichere Frau, die alle so bewundernswert fanden? Es kann doch nicht sein, dass sie sich selbst nicht mehr helfen konnte, wo sie doch jeden Tag anderen Menschen wundervoll zur Seite stand. Mit einer einzigen Nachricht war von ihrem eigenständigen Leben so gut wie nichts mehr übrig. Wie bedauernswert.

Ihre Niedergeschlagenheit wich auch nach Wochen nicht von ihrer Seite. Sie versuchte zu realisieren, was gerade mit ihr passierte. »Warum kann ich die Hilfe, die ich für andere Menschen freimachen kann, für mich selbst nicht bereithalten?«, fragte sie sich. Eines Nachts, als sie wieder einmal nicht schlafen konnte, weil sie sich mit ihren Problemen permanent im Kreis drehte, fiel es ihr wie Schuppen von den Augen: »Ich brauche auch Hilfe! Wer berät mich eigentlich?« Sie weinte lautlos die ganze Nacht.

Sie entschloss sich, solange in ihrer Wohnung zu bleiben, bis Licht in das Dunkel ihrer Seele fiel. »Schau dir dein Leben an, wenn du etwas ändern willst«, war die Antwort auf ihre unzähligen, nächtlichen Fragen. Du bist das Maß aller Dinge, sagte eine innere Stimme... Wende das an dir an, was du anderen angedeihen lässt. Stell dich ein Stück weg von dir, dann kannst du dich besser sehen. Schaue in den Spiegel und frage dich, wen du wirklich siehst.

Eines Morgens klingelte das Telefon. Eine Arbeitskollegin erzählte ihr, dass sie einen Gleitflug vom nahegelegenen Berg ins Tal für das Wochenende gebucht hatte, ihn aber nicht antreten kann. »Magst du das machen?«, wurde sie gefragt. »Nein, für so was habe ich viel zu große Angst«, erwiderte sie. Aber der Gedanke, genau jetzt etwas zu tun, was sie vielleicht den Schmerz vergessen lässt, ließ sie nicht mehr los. Am Wochenende schwebte sie tatsächlich mit einem Begleiter, der sie ganz fest in seinen Armen hielt, langsam vom Himmel zurück auf die Erde.

Unterwegs auf dieser sonderbaren Reise empfand sie ein wunderbares Gefühl der Verbundenheit mit dem Mittelpunkt der Welt und ihrem eigenen Sein.

»Du bist nicht allein«, schien der blaue Himmel um sie herum ihr zuzuflüstern. Ihr war so, als würde sie von außen voller Neugierde und Zuversicht auf sich schauen. »Du kannst die Dinge des Lebens zu deiner Zufriedenheit lösen, wenn du dich wirklich ernst nimmst und auf dich aufpasst und gut zu dir bist. Du darfst dich nicht vergessen, wenn die anderen dich brauchen. Schau in dich hinein und frage dich, wer es wirklich ist, der dir entgegenschaut.«

»Was wäre wohl, wenn ich nie mehr auf die Erde zurückkommen würde?«, fragte sie sich. »Dann würdest du keine Chance haben, dich wieder neu zu verlieben«, flüsterte ihr Gefühl.

Das MentalHaus – Trance-Induktions-Text Beratungs-Raum [HYP-B2]

* 1–2 Sekunden kurze Pause
** 3–4 Sekunden mittlere Pause
*** 5–6 Sekunden lange Pause

Sprachanleitung Teil 1: Einführung/Körperinduktion

Wähle nun
Deine eigene
bequeme Körperhaltung aus,
in der Du
so richtig gut entspannen kannst.
*

Egal
ob im Sitzen
oder Liegen,
so
wie es für Dich
am angenehmsten ist.
*

Du kannst jetzt
Deine Augen schließen,
um Sie später wieder
zu öffnen.
*

Ich möchte Dich jetzt bitten,
Deine Hände
auf Deinen Bauch zu legen,
*

um Deine ganze Aufmerksamkeit
auf Deinen Atem zu lenken.

So,
dass Du
Deinen Atemrhythmus
wahrnehmen kannst.
**

Dein Atem
fließt
von ganz allein
ohne Dein eigenes Zutun.
*

Atme tief ein
*

und langsam
*

und entspannt
*

wieder aus.
Du atmest tief ein
und langsam
und entspannt
wieder aus,
*

so,
dass Du mit jedem Atemzug
*

tief
und immer tiefer
*

in Deine Entspannung kommst.
*

Lenke Deine Atmung
in den Bauchbereich.
*

Spüre,
*

wie sich Den Bauch
beim Einatmen
hebt
*

und beim Ausatmen
wieder senkt.
**

Und mit jedem Atemzug,
wirst Du ruhiger
und immer ruhiger.
So

ruhig und ausgeglichen,
*
dass Du so richtig entspannen kannst.
*
Während Du
Dich
so
richtig rundum wohl fühlst,
merkst Du
vielleicht schon jetzt,
*
wie Deine Augen angenehm schwer werden.
So
angenehm schwer,
dass Du sie jetzt
schließen möchtest.
*
Wenn Du magst,
kannst Du sie auch
geöffnet lassen,
*
um Dir später zu gestatten,
*
sie wieder zu schließen.
*
So,
wie es sich für Dich
gut und richtig anfühlt.
*
Und während
Du Dich so richtig wohl fühlst,

Sprachanleitung Teil 2: Signifikante Hypnoseinduktion

kann Dir jetzt,
*
Dein Unterbewusstsein
ein Bild
von Deinem Weg schicken.
**
So,
dass Du auf Deinem Weg
mit jedem Schritt
Deinem Haus
*

näher
und näher kommst.
***

Wenn Du genug gelaufen bist
*

und Dein Haus erreicht hast,
halte noch einmal inne.
**

Gibt es
Gedanken oder Gefühle,
die Du loslassen
oder ablegen möchtest?
***

Dann tue dies jetzt!
***

Gehe nun
in Deinen Wohlfühl-Raum,
*

und Du weißt,
wo Du ihn findest.
**

Während Du
ganz gemütlich
hier sitzt
oder liegst,
*

kannst Du in aller Ruhe
weiter entspannen.
**

Spüre,
wie es ist
so ganz entspannt
in Deinem Wohlfühl-Raum zu sein.
*

Und wie es ist,
*

wenn Du einatmest
und
wieder ausatmest.
*

Dein Atem
fließt frei
und selbstständig,
*

und der Boden
ist fest und trägt Dich.

4.3 Der Beratungs-Raum (HYP)

*
Während Du
hier ganz entspannt
sitzt oder liegst,
*
kannst Du jetzt einen Ort
entdecken,
wo Du Dir
jederzeit
Deinen eigenen Rat einholen kannst.
**
In Deinem
ganz persönlichen Beratungs-Raum.
***
Wie sieht der Raum aus?
**
Gibt es dort Möbel?
**
Oder Dinge,
Die Dich
bei Deiner Beratung unterstützen können?
***
Das Außergewöhnliche
in diesem Raum ist,
*
dass es Dir möglich ist,
*
Dich
vor Deinem »inneren Auge«
im Spiegel zu betrachten,
indem Du
*
Dich,
*
Dein Gegenüber,
*
mit all Deinen Fähigkeiten
siehst.
***
Und das Beeindruckende ist,
*
dass Du Dich
mit Deinem Wissen
beraten kannst.
**
Es kann sein,

dass neues Wissen dazugekommen ist
und
altes Wissen
wieder neu entdeckt worden ist.
*
Mit diesem
neuen und alten Wissen
wird es Dir gelingen,
*
Dein Gegenüber
*
im Spiegel
*
wertschätzend.
*
freundschaftlich,
*
ideenreich,
*
wortgewandt,
*
überzeugend,
*
optimistisch,
*
kompetent mit Rat und Tat
*
zu beraten.
*
Betrachte jetzt
*
Dein Gegenüber
im Spiegel.
***
Sensationell ist,
*
dass, während Du Dich
im Spiegel betrachtest,
schon jetzt
eine Veränderung
in Deinem
Gegenüber passiert.
**
Die Du
mit Deinen Fähigkeiten und Deinem Wissen
ausgelöst hast.

*
Und das Verblüffende ist,
*

dass Du Dir
gewiss sein kannst,
*

dass Du Dich hier
jederzeit mit all Deinen
Fähigkeiten
beraten kannst.
**

Schließe
Dein inneres Auge
**

und werde eins
**

mit Deinem Gegenüber.
***

Komme nun langsam
und entspannt
**

mit Deinem Beratungswissen zurück.

Sprachanleitung Teil 3: Herausführung

Und bereite Dich langsam
darauf vor,
**

Dich wieder auf Deinen Weg zu begeben,
und mit jedem Schritt,
*

wirst Du wacher und wacher.
*

So
wach und klar,
*

dass Du jetzt Deine Füße wahrnimmst,
die den Boden berühren.
*

Spüre bewusst Deine Atmung.
Nimm Deinen Körper
von Kopf bis Fuß wahr.
Komme langsam
*

in diesen Raum zurück.

Und wenn Du jetzt angekommen bist,
*
möchte ich Dich bitten,
Deine Augen zu öffnen,
*
Dich mal umzusehen
und den Raum bewusst wahrzunehmen.
Dich mal zu bewegen,
um Dich zu recken und zu strecken.
**
Richte Dich jetzt auf,
um alles Erlebte
noch einen kleinen Moment
nachwirken zu lassen.

Das MentalHaus – Hypno-Memo-Karte Beratungs-Raum [HYP-B3]

Was hat sich verändert?

Wodurch hat es sich verändert?

Woran habe ich die Veränderung bemerkt (körperlich, gefühlsmäßig, im Verhalten)?

4.4 Der Visions-Raum (HYP)

Ziele

In den Sitzungen zum Thema *Visions-Raum* soll in Trance dazu angeleitet werden konkrete Lebensziele zu erarbeiten, welche den eigenen Bedürfnissen, Wertehaltungen und vorhandenen Fähigkeiten zur Umsetzung entsprechen.

Einleitung

> Eine Vision ist eine motivierende, positiv formulierte Vorstellung eines Zustandes, den man erreichen will. Eine Vision bietet Orientierung und stellt gleichzeitig ein Ziel, auf das hingearbeitet werden kann.

Der Visions-Raum soll den Klienten/die Klientin dabei unterstützen, realistische und wünschenswerte Lebensziele zu erarbeiten und diese konsequent umzusetzen, im Einklang mit den eigenen Wünschen sowie Werten. Der Klient/die Klientin soll dafür zu seinem/ihrem eigenen »inneren Regisseur« werden, mit der Fähigkeit, kraftvolle sowie motivierende Bilder der persönlichen (Lebens-)Zukunft zu erschaffen. Gemäß dem Leitsatz »panta rhei« (griechisch: »alles fließt«) ist dabei zu betonen, dass selbstverständlich (Zukunfts-)Visionen nicht für alle Zeiten gültig sein müssen, sondern bei Bedarf an veränderte Wünsche, Bedürfnisse oder Lebensentwürfe anzupassen sind.

Zur Symbolik im Trance-Induktions-Text Visions-Raum

Der Visions-Raum ermöglicht es dem Klienten/der Klientin, über eine Projektionsfläche (Kinoraum) in bestimmte Ziel- und Lösungsbilder zu gelangen. Über die Visualisierung werden kreativ-konstruktive Fähigkeiten angeregt und es entstehen lösungsorientierte, ressourcenbasierte Bilder. Für die bildhaften Veränderungsprozesse ist es besonders wichtig, dass die Bilder mit bestimmten, zielführenden ressourcen-, bedürfnis- und wertekonformen Gefühlen und Gedanken assoziiert werden. Durch die hierdurch veränderte Perspektive wird das Motivationsverhalten intensiviert und schafft Bereitschaft, stärker auf die Handlungsebene zu gelangen – sei es als Verzicht auf bislang unrealistische überhöhte Ziele oder als Aufbau neuer, nun als verwirklichbar erkannter Ziele. Bei den Veränderungsprozessen können mit der Technik der Bildbearbeitung hiermit assoziierte Bilder verändert und gespeichert werden, so dass jederzeit weiter an den Bildern gearbeitet werden kann im Sinne einer Zielmodulation und -optimierung. Für die Ziel-Lösungsbilder ist es von Vorteil, dass der Klient/die Klientin in eine übende, »bildhafte Wiederholung« geht, um den persönlichen Zielbildern durch deren Ausgestaltung und imaginative Wirksamkeit einen höheren Wirkungsgrad zu geben. »Vorstellungsvermögen ist viel wichtiger als Wissen« (Albert Einstein).

Übersicht der Arbeitsblätter

Arbeitsblätter Sitzung 7:

- Metaphorische Geschichte Beratungs-Raum: »Träume sind anständige Weggefährten« [HV1]
- Trance-Induktionstext Beratungs-Raum [HYP - V2]
- Hypno-Memo-Karte Beratungs-Raum [HYP - V3]
- Audiodatei (AB1) Metaphorische Geschichte: »Träume sind anständige Weggefährten«
- Audiodatei (AB2) Beratungs-Raum Trance-Induktion

Arbeitsblätter Sitzung 8:

- Trance-Induktionstext Beratungs-Raum [HV2]

4.4.1 Ablauf Sitzung 7

Nach der Begrüßung und der Frage nach der aktuellen Befindlichkeit, wird zur Einstimmung auf die aktuelle Sitzung das »Loslass-Ritual« (▶ Kap. 4) durchgeführt.

Als nächstes erfolgt eine kurze Einführung in die heutige Sitzung (Ziele, Aufbau, Ablauf) und der Klient/die Klientin wird zu seinen/ihren Erfahrungen zum Thema »Zukunfts-Visionen« befragt, z. B. anhand der folgenden Suchfragen:

Denkaufgabe:

- Wo möchte ich in meinem Leben hin?
- Was möchte ich noch erreichen?
- Was ist mein Entwurf eines schönen, glücklichen Lebens?
- Was müsste ich mehr beachten, damit mein Leben glücklich und sinnerfüllt ist?
- Was müsste ich mehr tun, damit mein Leben glücklich und sinnerfüllt ist?
- Von welchen Werten möchte ich mich dabei leiten lassen?
- Was möchte ich rückblickend einmal über mein Leben sagen?

Hinweise für die Umsetzung im Gruppensetting:

Die Gruppenmitglieder berichten den anderen Gruppenmitgliedern von Lebensentwürfen sowie -visionen ihnen bekannter Menschen, die ihnen imponiert haben, und erklären die Gründe dafür.

Zur weiteren Einstimmung auf das heutige Thema wird im Anschluss die Metaphorische Geschichte zum Visions-Raum vorgelesen (Text s. *Handout HYP-V1* –

Metaphorische Geschichte Beratungs-Raum: »Träume sind anständige Weggefährten«). In der Nachbesprechung sollte vor allem darauf geachtet werden, dass der Klient/die Klientin keine vorgefertigte Erklärung bekommt, sondern dieser Geschichte seine/ihre eigene, ganz persönliche Bedeutung gibt (»*Was haben Sie beim Vorlesen dieser Geschichte empfunden?*«, »*Spricht Sie diese Geschichte an?*«, »*Gibt es eine für Sie passende Botschaft in dieser Geschichte?*«).

Danach erfolgt die Trance-Induktion (Text s. Handout *HYP-V2* – Trance-Induktions-Text Visions-Raum) und, nach erfolgter Exduktion, eine kurze Besprechung des in der Trance Erlebten ohne Bewertung und Interpretationen.

Als letzter Programmpunkt zur Sitzung 1 erfolgt die Festlegung der »Hausaufgaben« zur nächsten Sitzung sowie die Ausgabe der Materialien (*Handout HYP-V1* sowie *Audio-Datei AV1* Metaphorische Geschichte und *Audio-Datei AV2* Trance-Induktion Wohlfühl-Raum). Dabei sollte auch besprochen werden, wie man sich die notwendige Zeit zur Durchführung der Trance-Induktion einrichten bzw. »gönnen« kann (»*Wann?*«, »*Wie?*«, »*Wozu wäre das gut für Sie?*«). Die Erlebnisse sowie Effekte der Trance zwischen den Sitzungen können auf dem *Handout HYP-V3* dokumentiert werden.

> **Hausaufgaben bis zur nächsten Sitzung:**
>
> - Aushändigung der Metaphorischen Geschichte (Handout HYP-V1; Audiodatei AV1)
> - Durchführung der Trance-Induktion Visions-Raum mittels Audiodatei (AV2)
> - Dokumentation der subjektiven Empfindungen/Erlebnisse während der Trance auf dem Arbeitsblatt Hypno-Memo-Karte (Handout HYP-V3)

4.4.2 Ablauf Sitzung 8

Nach der Begrüßung und der Frage nach der aktuellen Befindlichkeit, wird zur »mentalen« Einstimmung auf die aktuelle Sitzung das »Loslass-Ritual« (▶ Kap. 4) durchgeführt.

Danach können zum (erneuten) Einstieg in das Thema »Zukunfts-Visionen« die Suchfragen aus Sitzung 7 aufgegriffen und entsprechend ergänzt werden:

> **Denkaufgabe:**
>
> - Was kann ich bereits heute dafür tun, damit sich meine Vision von einem guten schönen Leben erfüllt?
> - Auf was muss ich zukünftig achten, damit sich meine Vision von einem guten schönen Leben erfüllt?

> **Hinweise für die Umsetzung im Gruppensetting:**
>
> Die Gruppenmitglieder stellen ihre Zukunfts-Visionen bildhaft dar (Zeichnung, Collagen) und erläutern diese den anderen Gruppenmitgliedern.

Als nächster Programmpunkt erfolgt die Besprechung der Hausaufgaben (= Durchführung der Trance-Induktion Visions-Raum mittels Audio-Datei), z. B. anhand der folgenden Fragen:

> **Denkaufgabe:**
>
> - Wie ging es mir beim Durchführen der Trance-Induktion mittels Audiodatei?
> - Was treibt mich an?
> - Für was kann ich mich motivieren?
> - Was wollte ich schon immer einmal machen?
> - Was gibt meinem Leben einen Sinn?
> - Was ist meine (Zukunfts-)Vision von einem guten Leben?

Im Anschluss daran erfolgt eine erneute Trance-Induktion (Text s. *Handout HYP-V2* – Trance-Induktions-Text Visions-Raum), mit sich anschließender kurzen Besprechung des in der Trance Erlebten ohne Bewertung und Interpretationen.

Als letzter Programmpunkt zur Sitzung 8 wird mit dem Klienten/der Klientin besprochen, wie man sich – bis zur nächsten Sitzung – die notwendige Zeit zur Durchführung der Trance-Induktion einrichten kann.

Ausblick

Der Klient/die Klientin soll auch in den nächsten Wochen darauf achten, ob sein/ihr aktuelles Leben und seine/ihre (Lebens-)Ziele in Einklang miteinander sind, um bei Bedarf entweder Zukunfts-Vision oder auch Methoden der Umsetzung hilfreich zu verändern. Des Weiteren ist immer wieder zu überprüfen, ob man weiter konsequent die Umsetzung seiner Zukunfts-Visionen vorantreibt. Dabei kann es durchaus hilfreich sein, sich von passenden Zukunfts- bzw. Ziel-Bildern motivieren und »bewegen« zu lassen.

4.4.3 Arbeitsblätter Visions-Raum

Das MentalHaus – Metaphorische Geschichte Visions-Raum [HYP-V1]

Träume sind anständige Spielgefährten

»Moritz ist heute nicht zum Dreh gekommen«, bemerkte Hanna. »Hoffentlich ist nichts Ernsthaftes passiert. Jetzt müssen zwei andere Szenen eingerichtet werden. Das wird eine lange Wartezeit.«

»Das macht nichts, Hanna, lass uns in die Kantine gehen. Ich habe Bock auf Milchkaffee und ein großes Stück Erdbeerkuchen mit Schlagsahne«, antwortet Marie. »Denk an dein Gewicht, meine Liebe, sonst passt du übermorgen nicht mehr in dein Kostüm.«

Hanna und Marie hatten nie Zeit, eine wirklich gute Pause zu machen zwischen den Dreharbeiten. Sie waren Freundinnen, aber auch Kolleginnen, die sich nichts neideten, und das passiert selten unter Schauspielern.

»Hanna, was ich dich schon lange fragen wollte«, sagte Marie, »Wie geht das? Du hast alles erreicht, was man in der Schauspielerei erreichen kann, oder? Du bist jung, siehst phantastisch aus, bist weit über die Grenzen Deutschlands hinaus bekannt, mindestens einmal in der Woche im Fernsehen zu sehen und drehst drei Filme im Jahr, und, und, und…Ich habe mir entsetzlich viel Mühe gegeben, alles richtig zu machen, aber ich bin ein kleines Licht geblieben; doch wenn ich neben dir spiele, leuchte ich etwas heller. Verrätst Du mir Dein Geheimnis? Ich möchte es so gerne wissen.«

»Ich habe kein Geheimnis, Marie… Oder vielleicht doch?… Ich hol mir noch einen Kaffee. Magst du auch einen? Latte Macchiato für dich?«

Nachdem Hanna mit den Getränken zurückgekommen war, fing sie an zu erzählen: »Ich muss ungefähr zwölf gewesen sein. Meine Oma Hanna und ich saßen auf ihrer kleinen Terrasse, die von einem wunderbar blühenden Garten umsäumt war. Ein kleines Häuschen, eingekuschelt in Fliederbüsche, Bauernhortensien und allerlei Blühendes in einem steil ansteigenden Steingarten. Nichts konnte meine Oma besser, als die Welt um sich herum und für andere Menschen schöner machen. Jeder, der sich eine Weile in ihrer Nähe aufgehalten hatte, ging um ein Quäntchen Glück mehr nach Hause, als dass er gekommen war. Ständig begleitete mich ihre Wärme wie ein warmer Wind, der mir vorauseilte, um alles glatt zu streichen, wie den Sand einer Düne am Meer. Warum hat meine Mutter mir ihren Namen gegeben? Hanna. Ich weiß es nicht. Ich mag ihn. Er ist wie eine unsichtbare Schnur, die mich zurückhält, wenn ich zu fallen drohe. Auch wenn sie schon eine ganze Weile nicht mehr lebt, ist sie doch um mich wie ein Schmetterling, der mir an Wegkreuzungen Orientierung schenkt. Ich liebte sie. Sehr sogar Und: ich liebe sie immer noch.

Wunderbar waren ihre Sprüche, die jahrein, jahraus an den abgegriffenen, gelben Türen ihrer Küchenschränke klebten. Es waren fast immer dieselben. Nur manchmal tauschte sie einen gegen einen anderen aus. Das enttäuschte mich. Hatte ich doch versucht, sie auswendig zu lernen. Jedoch: Ich verstand sie nicht.

Sie handelten von Träumen, Lebensweisheiten und Visionen und mehr… Später in meinem Leben konnte ich sie aus meinem Gedächtnis abrufen. Es war so, als öffnete sich für mich eine Klappe am Himmel und das geeignete Zitat würde von oben in mein Hirn geschleudert werden. Als ich erwachsen war, durchsuchte ich alle möglichen Bücher nach Oma Hannas Zitaten. Vor allem wollte ich jene finden, deren Inhalt sich trotz meines kindlichen Unverständnisses in meine Seele eingebrannt hatte. Willst du sie hören?«

»Oh ja, lass mal rüberwachsen«, meint Marie.

»Also, zum Beispiel: ›*Wenn du es träumen kannst, kannst du es auch tun.*‹ Das ist von Walt Disney. Oder:

›*Nenne dich nicht arm, wenn deine Träume nicht in Erfüllung gegangen sind; wirklich arm ist nur, der nie geträumt hat.*‹ Von Marie von Ebner-Eschenbach. Willst du noch einen?« – »Ok.«

»»*Wer den Hafen nicht kennt, in den er segeln will, für den ist kein Wind der richtige.*‹ So, ich erzähl Dir die Geschichte von Oma Hanna zu Ende, ok? Haben wir noch Zeit?«

»Ich denke schon«, antwortete Marie, »bis jetzt hat niemand nach uns gerufen. Vielleicht haben sie uns vergessen, und wir spielen morgen weiter.«

»Über Träume musst du leise sprechen, sagte meine Großmutter immer; freche Spatzen könnten kommen, deine Worte aufpicken und mit ihnen davonfliegen. ›Weißt du, meine kleine Hanna‹, erzählte sie mir, ›mein Leben war so: Ich war jung und alle Leute sagten, dass ich sehr schön sei. Und…ich hatte eine Vision. Ich wollte Schauspielerin werden. Die Vorstellung, dass ich alle meine Gefühle herzeigen könnte und dass andere Menschen sehen könnten, wie sie selber sind, das hat mich, seit ich denken kann, fasziniert. Liebe, Hass, Mitleid, Traurigkeit Freude, Hoffnung und vieles mehr wollte ich denen geben, die es brauchen können.

Meine Eltern allerdings akzeptierten nicht, dass ich Künstlerin werden wollte; zudem Schauspielerin. Wer macht denn so etwas? ›Du wirst damit kein Geld verdienen und außerdem bist du Freiwild für die Männer.‹ Das war ihre Vorstellung. Als sie merkten, wie sehr mein Traum aus der Tiefe meines Herzens kam, willigten sie ein. Sie liebten mich und suchten eine Schauspielschule in einer kleineren Stadt. Mit dreiundzwanzig Jahren hatte ich es geschafft: Ich war Schauspielerin. Ich hatte Großes vor. Und: Ich wusste, dass ich es erreichen konnte. Warum ich das wusste? Das wusste ich nicht. Die Schule sagte, ich sei ein Ausnahmetalent. Aber mein Leben verlief anders:

Es begann der Zweite Weltkrieg. Mein Vater fiel in den ersten Kriegswochen. Meine Mutter fand keine Worte für das Unaussprechliche. Unsere Stadt stürzte wie ein Kartenhaus zusammen. Die Angst um meine beiden jüngeren Brüder, die unfreiwillig unter den Augen meiner Mutter in den Krieg ziehen mussten, bestimmte fortan unser Leben. Wir hatten nichts mehr. Kein Zuhause, keine Sicherheit. Wir lebten im Nirgendwo. Herausgerissen aus dem Leben mussten wir weiterleben. Wer brauchte da noch eine Schauspielerin? Ein Ausnahmetalent? Niemand. Schluss. Aus. Vorbei. Gewonnen und zerronnen. Nach dem Krieg wurde meiner Mutter krank und starb. Ich hatte fortan zwei Kinder zu versorgen: meine Brüder, die traumatisiert den Krieg überlebt hatten. So war es Hanna, mein

Leben ... Ich habe trotz allem meinen Traum mein Leben lang fortgeträumt. Mir vorgestellt, wie es hätte sein können ... An den großen Theatern der großen Städte...«.

»Und warum bist du ausgerechnet auch Schauspielerin geworden?«, fragte Marie.

»Das ist wiederum eine lange Geschichte«, sagte Hanna.

»Auch ich hatte einen Traum. Meinen Traum. Jeder hat Träume, glaube mir; man muss sie festhalten. Manche sind leicht wie eine Feder und eh du sie anschauen kannst, schweben sie davon. Dann fängt ein anderer sie auf ohne dass er weiß, woher sie gekommen sind. Und du weißt...Die Spatzen...Meine Schule hat nicht gesagt, dass ich ein Ausnahmetalent sei. Unermüdlicher Fleiß, der Glaube an mich selbst, das Vertrauen in die Liebe zum Leben haben mich zu dem gemacht, was ich heute bin. Und ich denke, der Traum meiner Großmutter ist nicht irgendwohin verschwunden, sondern hat in mir weitergelebt und sich in meinem Leben erfüllt.«

»Herrlich, die Geschichte.« Marie lächelte.

»Wenn Moritz morgen wieder nicht zum Dreh kommt, dann erzähl ich dir mehr von mir, wenn du willst.

Möchtest du zum Schluss noch wissen, welcher Spruch in meiner Küche hängt?«

»Und?«

»›Ich kann meine Träume nicht fristlos entlassen – ich schulde ihnen noch mein Leben.‹ Das ist von Friderike Frei.«

»Hanna und Marie, bitte zum Set!«, dröhnte es aus dem Lautsprecher.

Das MentalHaus – Trance-Induktions-Text Visions-Raum [HYP-V2]

* 1–2 Sekunden kurze Pause
** 3–4 Sekunden mittlere Pause
*** 5–6 Sekunden lange Pause

Sprachanleitung Teil 1: Einführung/Körperinduktion

Ich möchte Dich jetzt bitten,
dass Du jetzt eine bequeme Köperhaltung einnimmst,
so,
wie es für Dich,
gut und richtig ist.
**

Und
Du kannst jetzt die Augen
für einen Moment schließen,
um sie später wieder zu öffnen.
*

Während Du
Dich jetzt
in einer angenehmen
Position befindest,
*

kannst Du
Deine Hände auf den Bauch legen,
um Deine ganze Aufmerksamkeit
auf Deine Atmung zu lenken.
**

So,
*

dass Du Deinen Atemrhythmus
wahrnehmen kannst,
**

der so ganz
von alleine fließt,
ohne eigenes Zutun.
*

Atme tief ein,
*

und langsam
*

und entspannt
*

wieder aus.
**

Du atmest tief ein,
und langsam und entspannt
wieder aus.
*

So,
dass Du mit jedem Atemzug
tiefer
*

und immer tiefer
in Deine Entspannung hinein kommst.
*

Und während
Du Dich
so richtig wohl
und ausgeglichen fühlst,
*

kannst Du dich jetzt
auf Deinen Weg machen,
*

und Du weißt,
wo Du ihn findest.

Sprachanleitung Teil 2: Signifikante Hypnoseinduktion

Begib Dich nun,
*
Schritt
für Schritt
auf Deinen Weg
***
In Deinem ganz eigenen Tempo
und
in Deiner ganz eigenen Zeit.
Mit jedem Schritt
kommst Du Deinem Haus
näher
und immer näher.
***
Irgendwann,
wenn Du genug gelaufen bist,
wirst Du Dein Haus erreichen.
**
Bevor Du hineingehst,
halte noch mal einen kleinen Moment inne!
**
Wenn Du möchtest,
kannst Du bestimmte Gedanken
oder Gefühle
wieder loslassen
oder ablegen.
**
Lasse sie ganz einfach
hier draußen.
***
Gehe jetzt
in Dein Haus,
*
begib Dich dort
in Deinen Wohlfühl-Raum.
**
Du weißt,
wo Du ihn findest.
*
Wenn Du ihn gefunden hast,

mache es Dir so richtig gemütlich,
so,
*

dass Du Dich
entspannen kannst.
***

Während
Du Dich jetzt
*

so ganz entspannt
und wohl fühlst,
*

erscheint Dir
vor Deinem inneren Auge
ein Raum,
*

der Dich
dazu einlädt,
Dir Deinen eigenen Kinoraum einzurichten.
**

Möglicherweise
sieht er so aus,
wie bei Deinem letzten Kinobesuch
*

oder
Du kreierst ihn
nach Deinen Vorstellungen neu.
*

Gestalte ihn so,
*

dass er vollkommen
Deinen Wünschen entspricht.
**

So,
dass er für Dich
ein richtiges Highlight darstellt.
***

Vielleicht
gibt es dort
so richtig bequeme Sessel,
Die Du Dir
*

so einstellen kannst,
dass Du es Dir
so richtig bequem machen kannst.
***

4.4 Der Visions-Raum (HYP)

Und ich bin mir
ganz sicher;
*
dass es dort eine passende Beleuchtung gibt.
***
Und das Besondere ist,
*
dass sich diese Beleuchtung,
jederzeit
verändern lässt,
**
so,
dass ganz unterschiedliche Effekte und Atmosphären
entstehen können.
Und wie in jedem Kino
*
befindet sich dort auch
eine Leinwand.
***
Dein Kinoraum hat
vielleicht
eine Leinwand,
*
die für Dich
*
absolut atemberaubend ist.
***
Und das Verblüffende ist,
*
dass Dein Kinoraum
eine Fernbedienung besitzt,
*
die Dich
dazu einlädt,
*
Deine eigenen Bilder
oder Filme
*
auf Deine Leinwand
zu projizieren.
**
Und das Geniale ist,
*
dass Du Deine Bilder
oder
Filme

so verändern kannst,
*
dass Du sie vorwärts
oder rückwärtslaufen lassen kannst.
*
Du kannst Sie auch
heller oder dunkler erscheinen lassen,
*
groß oder klein,
*
ebenso
kannst Du sie auch anhalten,
um sie Dir
noch mal genauer zu betrachten
*
oder
um sie auch zu löschen.
*
Deine Fernbedienung hat alle
Funktionen,
die Du dafür benötigst,
*
um Deine Bilder
*
oder Filme
nach Deinen eigenen Vorstellungen
zu verändern.
*
Jetzt ist die Zeit gekommen,
wo ich Dich einladen möchte,
*
in Deinem Kinoraum
Platz zu nehmen
und es Dir so richtig gemütlich zu machen.
**
So,
als würdest Du Dir
*
Deinen Lieblingsfilm ansehen.

Und das Faszinierende ist,
dass, während Du hier ganz gemütlich sitzt oder liegst,
**
es möglich ist,
Deinen
»inneren Filmvorführer«

4.4 Der Visions-Raum (HYP)

zu bitten,
*
Dir Deine eigenen Erfolgsbilder
auf Deine
Leinwand zu übertragen.
*
Und
wenn der Vorhang gleich aufgeht,
lass Dich überraschen,
was kommt.
***
Schaue es Dir
in aller Ruhe an.
***
Was siehst Du?
Sind es Standbilder
oder
ein Film?
***
Sind Deine Bilder
farbig
oder schwarz-weiß?
***
Haben Deine Bilder oder hat Dein Film einen Ton?
Hörst Du etwas?
Eine Melodie?
Oder
gibt es andere Geräusche?
***
Wenn Du magst,
kannst Du
mit Deiner Fernbedienung
die Bilder
so verändern,
**
wie es für Dich optimal ist.
***
Und wenn Du magst,
*
kannst Du Dir auch Musik dazu schalten.
**
Ob
auf laut
oder leise,
so
wie es sich

für Dich
angenehm anhört.
***

Du kannst auch Deine Filme
oder Bilder
aus verschiedenen Perspektiven betrachten.
***

Du kannst alle Funktionen,
die Dir
zur Verfügung stehen,
nutzen.
**

Und das Sensationelle ist,
**

Du bist jetzt,
**

Dein »eigener Regisseur«
***

in Deiner Ideenfabrik!
**

Und Du kannst Dir
erlauben,
*

in Deinem Film
*

all das einzubringen
und auszuprobieren,
was für Dich genau richtig ist.
***

Du kannst Dein Drehbuch
solange verändern
wie Du es möchtest.
**

So lange,
bis Du fühlst,
**

dass Dein »innerer Film«
der äußeren Welt
vorgestellt werden kann.
**

Möglicherweise
*

ist es ein Film
mit einer Fortsetzung.
*

Oder

eine veränderte Neuverfilmung,
**
so,
dass Dein Film
*
für Dich
so eine richtige Erfolgsstory wird!

Sprachanleitung Teil 3: Herausführung

Und während
Du noch an Deine ganzen Erfolge denkst,
möchte ich Dich jetzt bitten,
*
Dich wieder auf Deinen Weg zu machen.
*
Und wenn Du Deinen Weg gefunden hast,
**
in Deinem ganz eigenen Tempo
und
in Deiner ganz eigenen Zeit
*
Schritt für Schritt zu laufen.
Und mit jedem Schritt,
*
wirst Du
wacher und wacher,
so
wach und klar,
dass Du jetzt
hier langsam
wieder ankommst.
**
Nimm Deine Füße wahr,
die den Boden berühren.
*
Spüre Deinen Atem.
*
Nimm Deinen Körper
von Kopf bis Fuß wahr.
**
Und wenn Du hier angekommen bist,
*
kannst Du Dich jetzt mal
recken und strecken.

**
Deine Augen öffnen,
*
Dich mal umsehen,
um den Raum bewusst wahrzunehmen.

Richte Dich auf,
um alles Erlebte
noch einen kleinen Moment
nachwirken zu lassen.

Das MentalHaus – Hypno-Memo-Karte Visions-Raum [HYP-V3]

Was hat sich verändert?

Wodurch hat es sich verändert?

Woran habe ich die Veränderung bemerkt? (körperlich, gefühlsmäßig, gedanklich, im Verhalten)

4.5 Die Hausführung [Fakultative Abschlusssitzung]

Ziele

In der fakultativen Abschlusssitzung *Hausführung* soll man in Trance dazu angeleitet werden, einen Rundgang durch das nun erbaute und eingerichtete MentalHaus durchzuführen.

4.5 Die Hausführung [Fakultative Abschlusssitzung]

Einleitung

In der fakultativen Abschlusssitzung Hausführung wird der Klient/die Klientin dazu eingeladen, nacheinander durch alle Räume des nun komplett eingerichteten MentalHauses zu gehen und sich (nochmals) zu vergegenwärtigen, wie man in Zukunft die einzelnen Räume für sich auf hilfreiche sowie unterstützende Art und Weise nutzen kann. Dabei wird in Trance auch ein Hausschlüssel überreicht, als Symbol dafür, dass man ab sofort *sein* MentalHaus jederzeit betreten, nutzen und selbstverständlich weiter einrichten kann. Der Schlüssel dient somit als dauerhafte Eintrittslegitimation zur Nutzung des MentalHauses.

Hinweis für die Umsetzung:

- Es wird empfohlen, einen z. B. vom Schlüsseldienst erworbenen, farblich prägnanten Schlüsselrohling auszuhändigen, den der Klient/die Klientin an seinen/ihren Schlüsselbund befestigen sollte.
- Den einzelnen Gruppenmitgliedern sollten farblich unterschiedliche Schlüsselrohlinge ausgehändigt werden.

Übersicht der Arbeitsblätter

Arbeitsblätter Fakultative Abschlusssitzung Hausführung:

- Trance-Induktionstext Hausführung [HYP-H1]
- Audiodatei (AH1) Trance-Induktion Hausführung

4.5.1 Ablauf fakultative Sitzung Hausführung

Nach der Begrüßung und der Frage nach der aktuellen Befindlichkeit, wird zur Einstimmung auf die aktuelle Sitzung das »Loslass-Ritual« (▶ Kap. 4) durchgeführt.

Danach folgt eine kurze Übersicht über die Inhalte und den Ablauf der heutigen Sitzung. Dabei sollte betont werden, dass eine (angeleitete) Führung bzw. Besichtigung des MentalHauses erfolgen wird, als letzter Schritt vor der »offiziellen« Schlüsselübergabe. In diesem Zusammenhang können auch Funktion und Inhalte der einzelnen Räume des MentalHauses erläutert werden.

Danach erfolgt die Trance-Induktion (Text s. *Handout HYP-H1* – Trance-Induktions-Text Hausführung) und, nach erfolgter Exduktion, eine kurze Besprechung des in der Trance Erlebten ohne Bewertung und Interpretationen.

Im Anschluss erfolgt die feierliche symbolische »Schlüsselübergabe« (Schlüssel-Rohling), mit dem Hinweis, dass der Klient/die Klientin ab sofort jederzeit alle Räume seines/ihres MentalHauses bewohnen und auch (weiter) »mit Leben füllen« kann.

Abschließend wird mit dem Klienten/der Klientin noch besprochen, wie er/sie sich auch in Zukunft bzw. dauerhaft die notwendige Zeit zur Durchführung der Trance-Induktion einrichten/reservieren kann.

4.5.2 Arbeitsblätter Hausführung

Das MentalHaus – Trance-Induktions-Hausführung Exposé [HYP-H1]

*   1–2 Sekunden kurze Pause
**   3–4 Sekunden mittlere Pause
*** 5–6 Sekunden lange Pause

Sprachanleitung Teil 1: Einführung/Körperinduktion

Wähle
Deine ganz eigene
Körperhaltung aus,
in der
Du
entspannen kannst.
**
So,
wie es für sich für Dich
gut und richtig anfühlt.
**
Wenn Du möchtest,
kannst Du Deine Augen schließen,
um sie später wieder zu öffnen.
Während Du jetzt
eine bequeme Körperhaltung eingenommen hast,
möchte ich Dich bitten,
Deine Hände auf Deinen Bauch zu legen,
und Deine Aufmerksamkeit,
auf Deine Atmung zu lenken.
So,
dass Du Deinen Atemrhythmus,
noch besser wahrnehmen kannst.
***
Dein Atem fließt ganz von alleine,
ohne Dein eigenes Zutun.
Frei und selbstständig
fließt Dein Atem.
**
Atme tief ein,
*
und langsam
und entspannt
wieder aus.

**
Du atmest
tief ein
*

und langsam und entspannt
wieder aus.
**

Und mit jedem Atemzug
spürst Du,
wie sich Dein Bauch
beim Einatmen hebt,
**

und beim Ausatmen
wieder senkt.
**

Und mit jedem Atemzug
wirst Du ruhiger
und ruhiger.
**

Während Du
Dich jetzt so richtig entspannst,
kannst Du Dich
auf Deinen Weg machen
*

Und Du weißt,
wo Du ihn findest.
**

Lass Dich überraschen,
ob es wieder derselbe Weg ist,
oder
ob es ein anderer Weg ist,
der Dich
tiefer und tiefer
in Deine Entspannung führt.

Sprachanleitung Teil 2: Signifikante Hypnoseinduktion

Und mit jedem Schritt,
kommst Du
Deinem Haus näher
und näher.
**

Irgendwann,
wenn Du genug gelaufen bist,
wirst Du Dein Haus erreichen.

4 Das MentalHaus: Der hypnotherapeutische Zugang

**
Bevor Du hineingehst,
halte inne.
**
Gibt es Gedanken
oder
Gefühle,
die Du loslassen möchtest?
***
Dann kannst Du sie jetzt
*
einfach hier draußen lassen.
***
Und während
Du jetzt losgelassen hast,
möchte ich Dich bitten,
meiner Stimme weiter zu folgen,
die Dich
in einer ganz besonderen
Art und Weise
durch Dein Haus führen wird.
**
Fühle Dich eingeladen!
*
Folge jetzt meiner Stimme,
die Dich von Raum zu Raum
begleiten wird.
Und während Du
meiner Stimme folgst,
ist es möglich,
Deinen Blickwinkel so zu verändern,
*
als würdest Du
auf Dich hinabschauen.
***
Folge nun meiner Stimme,
die Dich von Raum zu Raum
begleiten wird.
*
Und ich möchte Dich jetzt bitten,
in Dein Haus hineinzugehen,
um Dich dort mal
in aller Ruhe umzuschauen.
**
Während Du Dich umsiehst,
möchte ich Dich bitten,

Deinen Wohlwühlraum aufzusuchen.
Und das Außergewöhnliche ist,
*

dass es möglich ist,
Dich zu beobachten
in Deinem Wohlfühl-Raum.
**

Während Du Dich dort umschaust,
kannst Du meiner Stimme lauschen,
die Dir
in einer angenehmen Art und Weise erzählt,
was sich so alles in Deinen Räumen befindet.
*

Und während Du Dich
in diesem Raum befindest,
ist es Dir möglich,
einen Platz zu suchen,
um Dir einen Augenblick
Ruhe zu gönnen.
**

Und während Du Dich ein wenig ausruhst,
kannst Du weiter meiner Stimme folgen.
*

Das Besondere
an diesem Raum ist,
*

dass er Dich
jederzeit dazu einlädt,
mal alles loszulassen,
es Dir gut gehen zu lassen.
Dich so richtig wohlzufühlen,
Dich wahrzunehmen
und zu entspannen,
und das Leben
mal so richtig in vollen Zügen zu genießen.
*

Während Du Dich beobachten kannst,
wie gut es Dir in Deinem Wohlfühl-Raum geht,
möchte ich Dich bitten,
*

in Deinem ganz eigenen Tempo weiterzugehen
und Deinen Ressourcen-Raum aufzusuchen.
Und Du weißt,
wo Du ihn findest.
***

Während Du nun

hier angekommen bist,
siehst Du möglicherweise
Deine Bildergalerie,
*

Requisiten
und vieles mehr.
*

Es ist ein Raum,
der dazu dient,
alle Deine phantastischen Fähigkeiten
zu aktivieren
und zu nutzen.
So,
dass Du sie noch gezielter einsetzen kannst.
*

Deine Situation gleicht
einem Erfolgsläufer,
der auf der Zielgeraden einläuft
und so richtig stolz auf sich ist.
**

Hier kannst Du jederzeit
Deine Erfolgserlebnisse ansehen
und auf eine erstaunliche Art und Weise
*

in Deine Fähigkeiten hineinschlüpfen.
So,
dass Du sie besonders gut wahrnehmen kannst.
*

Während Du möglicherweise
noch an Deine Erfolge denkst,
möchte ich Dich bitten,
weiter zu gehen
in Deinen Beratungs-Raum.
***

Wenn Du dort angekommen bist,
schaue Dich um.
*

Hier kannst Du
Dein bester Ratgeber sein
und Dir jederzeit,
die richtigen Lösungen holen.
*

Du kannst Dich
jederzeit beraten,
und das Schöne ist,
dass Deine Veränderung

4.5 Die Hausführung [Fakultative Abschlusssitzung]

schon jetzt begonnen hat.
*
Gehe jetzt weiter,
in Deinen Visions-Raum.
***
Wenn Du angekommen bist,
siehst Du Deinen Kino-Raum.
***
Möglicherweise,
ist es er so erlebnisreich,
*
dass Du weißt,
dass hier alles möglich ist.
*
Der Raum
möchte Dich dazu einladen,
Dein eigener Regisseur zu sein.
So,
dass Du Deine eigenen Erfolgsstorys
produzieren kannst.
*
Und das Spannende ist,
dass Du dort
auch Deine eigenen Zielbilder anschauen kannst,
um sie nach Deinen Wünschen
und Vorstellungen zu bearbeiten.
*
So,
dass es für Dich
optimal ist.
**
Und jetzt ist die Zeit gekommen,
wo ich Dir,
ganz persönlich
Deinen Hausschlüssel überreichen möchte.
So,
dass er für Dich eine ganz besondere Eintrittskarte darstellt,
Die Dich
daran erinnern wird,
dass dort alles vorhanden ist,
was Du für Dich benötigst.
**
Es ist,
*
als würde sich in diesem Moment
ein Regenbogen in den schönsten Farben zeigen,

*
der das Ganze zu einem außergewöhnlichen Lichtspiel werden lässt,
mitten über Deinem Haus.
Dieses Lichtspiel lässt Dich erkennen,
dass dein Haus
besonders einzigartig ist.
Und während Du noch das Geschehen beobachtest,

Sprachanleitung Teil 3: Herausführung

bereite Dich jetzt langsam darauf vor,
**
Dich wieder auf Deinen Weg zu machen.
*
Und mit jedem Schritt
fühlst Du Dich
wacher und wacher,
so
klar und wach,
dass Du jetzt
hier langsam
wieder ankommst.
*
Nimm Deine Füße wahr,
die den Boden berühren.
*
Spüre Deine Atmung,
*
nimm Deinen Körper
von Kopf bis Fuß wahr.
Und wenn Du jetzt hier angekommen bist,
öffne Deine Augen,
sieh Dich um,
um den Raum bewusst wahrzunehmen.
**
Und Du kannst Dich jetzt mal
recken und strecken.
**
Richte Dich auf,
um alles Erlebte
noch einen kleinen Moment
nachwirken zu lassen.

5 Epilog

Dieses Therapieprogramm ist sicher nicht »*der Weisheit letzter Schluss*«, sondern kann und soll weiter verbessert werden.

Um dies gut bewerkstelligen zu können, sind wir auf Ihre Erfahrungen als »Architektinnen und Architekten«, »Planerinnen und Planer«, »Bauherrinnen und Bauherren« angewiesen.

Deshalb möchten wir Sie dazu einladen, uns Ihre Erfahrungen mit dem MentalHaus mitzuteilen.

Sie können uns zu diesem Zweck gerne eine E-Mail an diese Adresse schicken: mentalhaus@web.de

Vielen Dank dafür!

Hinweis zum Downloadmaterial

Die im Buch abgedruckten sowie weitere Arbeitsmaterialien können Sie als Zusatzmaterial kostenfrei herunterladen[1]:
Link: https://dl.kohlhammer.de/978-3-17-040250-8

---

1 Wichtiger urheberrechtlicher Hinweis: Alle zusätzlichen Materialien, die im Download-Bereich zur Verfügung gestellt werden, sind urheberrechtlich geschützt. Ihre Verwendung ist nur zum persönlichen und nichtgewerblichen Gebrauch erlaubt. Jede Verwendung außerhalb der engen Grenzen des Urheberrechts ist ohne Zustimmung des Verlags unzulässig und strafbar. Das gilt insbesondere für Vervielfältigungen, Übersetzungen, Mikroverfilmungen und für die Einspeicherung und Verarbeitung in elektronischen Systemen.